幼儿园育爱课程的
理论与实践探索

李建丽　蒋小燕　罗环　主编

中国农业出版社
农村读物出版社
北　京

图书在版编目（CIP）数据

幼儿园育爱课程的理论与实践探索 / 李建丽，蒋小燕，罗环主编 . —北京：中国农业出版社，2024.5
ISBN 978-7-109-31924-0

Ⅰ.①幼…　Ⅱ.①李…②蒋…③罗…　Ⅲ.①爱的教育－学前教育－教学研究　Ⅳ.①G611

中国国家版本馆 CIP 数据核字（2024）第 085807 号

中国农业出版社出版

地址：北京市朝阳区麦子店街 18 号楼
邮编：100125
责任编辑：马英连
版式设计：杨　婧　　责任校对：吴丽婷
印刷：北京中兴印刷有限公司
版次：2024 年 5 月第 1 版
印次：2024 年 5 月北京第 1 次印刷
发行：新华书店北京发行所
开本：700mm×1000mm　1/16
印张：10.75
字数：205 千字
定价：58.00 元

编 委 会

序　言

　　棉花胡同幼儿园（以下简称棉幼）是一所有着66年历史的老园，底蕴深厚，岁月峥嵘。棉幼是北京市第一批示范园中的一个，曾是《幼儿园教育指导纲要》试点园中的一所，是北京幼教的典范和楷模之一，也是全国幼教的窗口和榜样之一。回到幼儿教育本位，唱响"爱的教育"主旋律，是棉幼近十几年来的着力点与不懈追求。

　　棉幼"爱的教育"源自建园伊始的新中国建设初期，老师们"爱孩子赛妈妈"就是对国家和社会最大的支持、最好的回报。"爱勤严诚"这种具有时代特点的铿锵誓言，经过六十多年风雨砥砺，已经更加宽厚与深刻、温柔与细腻，已经演变为如今的"爱语绵言"，充满了关爱、尊重与包容，支持、引导与启迪。这让我们想起了泰戈尔《飞鸟集》中的诗句，"使卵石臻于完美的，并非锤的击打，而是水的载歌载舞"。从棉幼的教育历程中，我们看到了爱的传承，也看到了爱的发展与创新。从呈现在我们面前的这本书中，我们又感受到了"爱的教育"的落地与生根，生长与传递。

　　我特别赞赏的是"棉幼之爱"的六个特质：棉幼的爱是"温润的爱"，滋养和浸润人心；棉幼的爱是"适宜的爱"，引导和催人奋进；棉幼的爱是"个性化的爱"，支持和成就所有人；棉幼的爱是博大的爱，教人宽厚与仁和，善待自然与生命；棉幼的爱是"流动的爱"，唤醒人性，传递真情；棉幼的爱是"持久的爱"，生生不息，代代相传。这是棉幼人以教育之名对爱的诠释，对幼儿教育的深刻理解。棉幼"爱的教育"和育爱课程与我们人性本真的善良，与我们对幼儿教育的理想追求，形成了共振，产生了共鸣。

　　棉幼的育爱课程提出了"以爱育爱"的课程理念，"感受爱、表达爱、传递爱"的核心目标，并以社会领域为基点，有机融合五大领域内容要求，从己我关系、人我关系、物我关系三个维度构建了课程目标和内容体系，旨在培养幼儿"愉悦自信、友好乐群、好奇主动"的品质与德行。育爱课程的框架体系已经形成，几十个生动案例初步构成了课程的实践形态，说明棉幼的园本课程已经初具雏形。走进这些案例，我们可以感受到课程中洋溢的浓浓温情，直达心灵，暖人心底，有着鲜明的润、深、实的特点。

情感滋养，共情陪伴，这是育爱课程的"润"之所在。为了培养心中有爱的儿童，老师们不囿于外在要求，而是重在用爱心滋养爱心，用温情润泽童心。老师们通过环境创设、言行举止、"爱语绵言"和"爱的抱抱"，让幼儿真切感受到亲情之爱、教师之爱、同伴之爱和集体之爱，让幼儿深切体会到他们的身边充满了爱，在他们需要的时时刻刻都能够得到爱。通过"爱在身边""亲亲宝贝""相亲相爱一家人"等生活故事和教育活动，孩子们感觉到"爱像棉花糖一样柔软，还很甜"，"爱像许多好朋友和我在一起"；孩子们会说"爱就是在我遇到困难的时候老师来安慰我"，老师对我说"别伤心，我来抱抱你"，然后把我紧紧地抱在怀里。这样的情感之"润"让幼儿感到安全与安心，他们因此而尽情地游戏与探究。

深度体验，深切感悟，这是育爱课程"深"的特点。孩子们的"自我之探"由表及里、由外而内，层层递进，不断深入，充分感知和了解到自我的独特性、多样性和发展性，从而建立起足够的自尊心与自信心，形成了积极的自我认知。通过"爱的邮递箱"，孩子从没有朋友到体会到神秘朋友的关爱，初尝了交友的"秘诀"；从冲突事件和后续的交流、商讨和情境体验中，孩子们学会相互理解、与同伴共情、平等地对待他人；从暖心故事分享到"点赞"活动的开展，孩子们学习着结交朋友和维系友谊的人生课题。孩子们甚至初步体会到了"朋友让我们成为更好的自己"，还有"和解"的意义。在育爱课程中，幼儿社会性学习的特点不仅在于感受体验式的社会领域学习方式，而且在于比较深入地感受体验了积极自我、朋友友谊、亲情关系这些深刻而有长远意义的人生主题。

实际践行，真实收获，这是育爱课程"实"的意义。在育爱课程中对自然世界和社会文化的探究部分，以培养孩子们的"好奇、主动"为核心目标，包括"社会之行""自然之趣"和"文化之旅"三个方面。孩子们走街串巷、走访场馆，品"京味小吃"，听"京腔京韵"，看"京城建筑"，与古老的京城对话，与非遗文化互动。孩子们实地走访、实际感受，虽然听不太明白，看不大懂，但总有亮点留给孩子，总有情感影响孩子。参观梅兰芳故居，听京剧、看戏服、做脸谱，孩子们的敬佩和赞美之情油然而生；走进天坛，孩子们被最耀眼的祈年殿深深吸引，在自己建构活动的过程中更感受到古人建筑的了不起。仔细研究自己生活的四合院，认真观察每天走过的胡同和亭台，通过寻找、拍照、解密、绘制、重建等丰富的探究实践活动，孩子们发现了历史，了解了文物，敬畏之情和自豪之感油然而生。我想，这就是孩子们心中民族的意识，文化的种子。

从这本书中，我们看到棉幼的园本课程正在厚植爱的底色，正在走深走实。由于框架体系初步形成，实践形态刚有雏形，因此疏漏在所难免，还有值得商榷的地方。但从书中我们能够强烈地感受到"情感关照时时有，爱语绵言经常说，爱的行动处处在"。点点滴滴充满爱，时时处处都有情。让温暖包围着孩子，让关爱浸润着孩子，用智慧启迪着孩子，这不仅是棉幼课程建设的价值追求，也应是广大幼教同行共同的价值追求。

刘占兰

2024 年 3 月

前　言

温暖润泽——走进爱的教育

你亲切的名字是一张名片
春风荡漾写满温暖
你绽放的笑脸是一张名片
阳光明媚盛升灿烂
你悉心的呵护是一张名片
为幼苗洒下雨露甘甜
你无私的奉献是一张名片
让世界读懂了爱的语言　情的绵延

——棉花胡同幼儿园园歌《爱的名片》（李希望词，
章莱强曲）

一、爱的教育：追本溯源，传承创新

在教育改革的大潮中，在新的形势和背景下，如何继承和发扬棉花胡同幼儿园（以下简称"棉幼"）"爱的教育"特色和文化，成为全体棉幼人需要思考的核心问题。多年的教育实践告诉我们：要想使棉幼持续发展，棉幼人就要不断拓展爱的内涵，感受爱的氛围，丰富爱的实践，传承爱的文化。在这一认识的激励下，我们凝智聚力，积极寻求专家引领，协同奋斗，努力把握时代的脉搏，细心体察和遵循着幼儿的发展特点，探索"爱的教育"的真谛。

——李建丽

（一）挖掘爱的教育根源，领悟"爱"的深刻和独特

1. 爱的教育，源于棉幼人的传承与发展

棉幼"爱的教育"传统由来已久。老一辈的棉幼人像妈妈一样呵护幼儿，"热爱孩子赛妈妈"的责任感和使命成为爱的教育的初始和源头。在这一质朴的思想引领下，在一代又一代棉幼人的传承下，棉幼在全市形成了"棉幼老师爱孩子"的口碑，奠定了爱的教育的特色。这一特色的形成源于每一个棉幼人的身体力行和教育实践，多年的实践使棉幼跻身于北京市名园之列。20世纪90年代末，在爱的教育基础上，棉幼提出了"爱勤严诚"的园训，以此规范教师行为。进入21世纪，这一园训拥有了更加深刻的内涵，即"爱业奉献，勤奋进取，严谨求实，诚恳相待"的十六字要求，确立了"以爱促发展"的核心理念，使棉幼人对自身的职业要求更加明确，教师在践行"爱的教育"时有了更明确的方向。

在这个过程中，棉幼"爱"的传承得到了学前教育专家的支持与引领，爱的教育实践也在逐渐明晰。在"八五"期间，在学前教育专家梁志燊、张燕等教授的指导下，进行幼儿品德教育的研究。在"九五"期间，在廖贻老师、徐明、刘丽等老师的指导下进行课程改革实践，使幼儿园初步奠定了社会教育的特色，对棉幼的教育传统进行创新。在"十五"期间，作为北京市唯一的首批《幼儿园教育指导纲要》（以下简称《纲要》）试点园

开展了"贯彻《幼儿园教育指导纲要》行动计划"的研究,在李季湄教授的带领下,对全面贯彻落实《纲要》开展实践,转变教育观念,将关注点聚焦在每一个幼儿身上,创设良好的育人环境,以"爱"来支持每名幼儿的成长与发展,使"爱的教育"的实践进一步丰富。在"十一五"和"十二五"期间,棉幼继续在"爱的教育"的道路上进行探索,开始建设独有的"以爱促发展"的园所文化,实践和建构"感受爱·懂得爱·学会爱"的园本课程。棉幼关注幼儿个性,重视幼儿社会性发展,爱的教育特色日益凸显,爱的教育实践更为明晰。进入"十三五",文化建设作为提高幼儿园办园品质的必经之路,促使我们更为冷静地思考棉幼的文化是什么以及怎样更好地建设棉幼的园所文化。

在建构中国梦、树立文化自信、弘扬传统文化的时代背景下,我们结合幼儿园长期以来的教育实践成果和感悟,在专家引领下对"爱的教育"的核心理念进行了全方位的阐释与提升,明确了"育爱养性,明理开慧"的教育理念,形成了"健体、仁爱、尚美、求新"的培养目标,建立起较为完善的园所文化体系,即陶冶润泽的环境文化、仁爱温暖的教师文化、和谐共生的管理文化、启迪砥砺的教研文化、以爱育爱的课程文化、融合共通的家园文化。

2. 爱的教育,源于棉幼人的实践与丰富

"爱的教育"从哪里来?"爱的教育"应当是什么样的?我们要从教育实践当中去寻找。在"爱的教育"的传统和文化浸润下,棉幼的教师扎根实践,以她们淳朴的思想、教育的热情、心中的热爱践行"爱的教育",以点滴的行动描绘"爱的教育"的样子。例如,有一年大班来了一名腿部有缺陷的幼儿,为了能让这个幼儿跟其他幼儿一样参加户外活动,保育员任丽娟老师不辞辛劳,每天将孩子从三楼抱上抱下,从没有耽误过一次户外活动。又如,为了让孩子理解妈妈的爱,老师们组织了"妈妈爱我　我爱妈妈"的主题活动,创设了丰富的情境,让幼儿体验到妈妈孕育和照顾自己的辛苦,真实地感受到妈妈对自己的爱……棉幼的每一名教师都在平凡的岗位上辛勤工作着,她们用实际行动诠释着爱的教育。

在爱的教育实践基础上,我们开展了"传承爱的文化、促社会性发展"

的大讨论，将十六字园训进一步细化，使之更具操作性，成为棉幼的教职工行为规范；我们征集教育小故事，开展以爱为主题的师德演讲，鼓励教师撰写自己教育过程中的心得体会，选取其中的优秀故事在全园分享；我们走访老教师，听老教师讲述棉幼人爱的传统和故事，受到感动和鼓舞；干部关注教师的工作实践，鼓励教师们相互表达、分享和观摩，支持她们开放对话、民主交流；我们开展文化大讨论，鼓励管理者、家长、不同岗位的教师畅所欲言，通过思想碰撞，一遍又一遍地理性思考"培养什么样的人""如何培养人""棉幼教育特色"等问题。在实践中，为寻求这些问题的答案，全体棉幼人感悟着、成长着、行动着，让宝贵的实践上升为理念，变成全体教职工的指导思想。

在建构爱的教育过程中，我们翻阅大量历史典籍、文献资料，与古代圣贤、专家学者进行"对话"，更坚信了"爱"是幼儿教育发展的根本性命题。从教育学视角来看，我国著名教育家陶行知提出了"爱满天下"的教育理念；鲁迅说"教育植根于爱"；苏霍姆林斯基提出"没有爱，就没有教育"的理念；裴斯泰洛齐认为爱是教育的起点。从心理学视角来看，马斯洛的需要层次理论和埃里克森的个性发展理论为其提供了充分的理论支撑。我们根植于国情做"爱的教育"，对培养什么样的人、如何育人等问题，从中国优秀传统文化、社会主义核心价值观、世界先进文化中寻求答案，使之成为制定幼儿园文化和教育目标的重要依据。

"爱的教育"将传统理念与现代文化相融合，融汇在教师内化的行为和习惯中，演变成了对幼儿主体地位的尊重，对幼儿发展的个性化支持，对科学、先进的教育理念的不懈追求，从中挖掘出了更为深刻和丰富的爱的教育的内涵。渐渐地，"爱的教育"的实践丰富起来，即一次次精心设计的活动，一次次深入的交流和探讨，一次次看似无意实而自然的行为……"爱的教育"的典型表现逐渐积累和厚重，"爱的教育"的宝贵经验逐渐系统化和条理化，"爱的教育"的理念和行动逐渐清晰。

3. 爱的教育，承载"棉花文化"的特质

温暖生命的"棉花文化"是棉幼"爱的教育"的核心特质。桐城马苏臣的《题棉花》五言诗中说道"花开天下暖，花落天下寒"，又有诗句"莫

道花开如雪海，人间有我免寒穷"的诗句，意为"棉花开了，预示天下人的温暖有保障；如果棉花萎落了，那么人们就要挨冻了"。这些文学典故均指出了棉花所独具的忠于职守、温暖天下的特质，这与棉幼人所践行的以教育之爱温暖生命的"爱的教育"不谋而合，棉花朴素、忘我、奉献的特点，也符合棉幼人对教育的追求。于是，我们将棉花文化纳入到爱的教育内涵之中，期望将棉花独有的优良品质也变成棉幼人身上的符号。

（二）提炼"棉幼之爱"的特质，升华教育情怀

爱是土壤，爱是阳光，爱是儿童的一切。我们反复思考，既然爱是棉幼一直以来教育的核心，那么，棉幼的爱是怎样的爱？它的独特之处在哪里？是什么让它经历了时间的考验？在这个过程中，我们进行了新一轮的回顾、学习和实践，我们深刻地认识到，棉幼的爱，不是单纯停留于经验、情感层面的爱，而是深刻的、有教育情怀的爱。

1. 棉幼的爱是一种"温润的爱"——强调浸润与渗透的方式

爱的情感有许多种，棉幼的爱强调全方位浸润与渗透，温暖而自然。这种教育之爱不是生硬地说教、传授，而是尊重幼儿稚嫩而敏感的特点，如春风化雨一般，将爱体现在教师的一言一行当中，在生活的点滴中渗透和感化，使幼儿在教育过程中如沐春风、身心舒畅，教育的过程如春之细雨，冬之暖阳，浸润着幼儿的心灵，滋养着幼儿的成长。教师在此过程中也能够体会到教学相长的乐趣，体会到与幼儿共融相伴的美妙与收获。这种温润的爱，让棉幼的爱极具温度和生命力，让每个棉幼的孩子感受到教育者带来的温暖与呵护。

2. 棉幼的爱是一种"适宜的爱"——倡导激励与促进的原则

"父母之爱子，则为之计深远"，棉幼所倡导的爱不是溺爱、随性的爱，而是从教育的立场生发出来的，有利于孩子身心健康、和谐发展的适宜的爱，爱的行为中承载着教育意图和价值。对教育者而言，对孩子的爱既饱含深情，又承载着一定的理智，犹如对待树苗般，在给予春风细雨般呵护的同时，需要适时地扶正，采取符合教育者身份的爱的方式，既能够满足当下需要，又能着眼于未来发展。

3. 棉幼的爱是一种"个性化的爱"——强调个体需求和个性特点的关注与满足

爱，是给予符合幼儿天性的教育。教育的个体是人，人的发展受到诸多因素的影响，有遗传的、心理的、环境的等，因而每个人的身上带着鲜明的个性特点。教育要做到因人施教，循循善诱。棉幼所倡导的爱，一方面，关注教育平等，对所有孩子一视同仁，平等对待每个幼儿；另一方面，接受每个幼儿的个性特点，尊重个体差异，满足个体需求，关注每个幼儿的成长和发展，让每个幼儿做最好的自己。

4. 棉幼的爱是一种"博大的爱"——彰显宽厚与仁和的态度

爱的教育对象非常广泛，是以博爱之心、赤子之心，满怀喜悦与好奇，与身边的人、事、物互动，亲近自然，友爱同伴，尊重长辈，悦纳自我，珍惜生命，心系山川，情系祖国……亲人之爱、同伴之爱、师长之爱、家乡之爱、国家之爱都纳入了爱的范畴。这种爱，因其博大，能宽恕过失，接纳差异，带给人沉稳与信任之感。

5. 棉幼的爱是一种"流动的爱"——体现感染与呼应的状态

教育是一个灵魂唤醒另一个灵魂，棉幼的爱是一个爱感染另一个爱，小爱汇聚成大爱，教育者的爱与孩子的爱相互呼应，让棉幼和爱融融，生生不息。这种爱具备相互感染与滋养的特点。身处棉幼的每一个人，都能够从别人身上感受到爱。这种爱具备流动性、绵延性和自由性的特点，每个人从言行中体现出对教育的虔诚、对生命的大爱，处处营造着同事之爱、奉献之爱和亲人般的爱。这种爱在老师之间、幼儿之间、幼儿与家庭之间、幼儿与社会之间、幼儿园与社会之间等真正形成了一种流动，让生命与世界在流动中走向和谐。

6. 棉幼的爱是一种"持久的爱"——凸显延续与发展的力量

棉幼的爱是有意志的，是坚定的。从20世纪70年代末开始，棉幼人对爱的思考和探索坚持了40多年。这是一个了不起的事情，它证明了棉幼人的生命毅力。棉幼作为历史名园，这里曾有许多对幼教界具备影响力的教育者，他们孜孜以求的教育梦，棉幼人至今仍在追求，所倡导的教育之爱，棉幼人至今仍在恪守，甚至变成了每个棉幼人身上特有的符号，同时又随着教育理念的变革、实践的深入而得到丰富和提升。

二、爱的文化：爱生原力，聚力求新

"爱生原力，聚力求新"。原力是一种隐形而又无处不在的力量。求新有两层含义，一是说棉幼文化是传承的，更是发展和创新的；二是说棉幼人在实践中善于反思，不断开拓创新。我们认为，棉幼"爱的教育"文化，就像这种原力，能够凝智聚力，积蓄众人的力量，不仅让棉幼的文化内涵得到丰富和发展，也在推动教育改革和实践创新方面产生巨大的推动力。

——李建丽

（一）爱润环境——营造陶冶润泽的环境文化

在践行和发展"爱的教育"过程中，我们非常注重教育环境的设计和营造，使得园所不但拥有优美的物质环境，还拥有民主的精神环境。环境对人的影响是巨大而潜移默化的，幼儿园的环境更是如此。优美雅致的园所装饰与设计、丰富充足的玩具设施与材料、宽松接纳的班级环境与氛围，都会为幼儿的学习和发展提供极为便利的条件，使幼儿能够充分感受到幼儿园生活的美好与幸福。对于教师来说，一个丰富、理解、支持、关爱、民主的环境，能够促使教师获得主人翁意识，能够最大程度地激发教师对教育的热情，从而愉快忘我地投入教育事业之中，自主地调控自身的教育行为，自觉自愿地进行研究与改进，自然自发地流露和表达出对幼儿的爱与关心，真正成长为专业化的幼儿园教师。

1. 环境充满爱——创设温馨优美的园所公共环境

在对"爱的教育"的含义和理念深入认识的基础上，我们精心思考和设计园所公共环境，力求在公共环境创设过程中将抽象的教育理念、教育目标、园所发展目标等转化为可视化的组成部分，使幼儿园处处呈现出"爱的教育"的氛围和社会性教育的特色，使生活于其中的幼儿和教师在环境当中自然体验到幼儿园的文化和特色。陶冶润泽的环境文化是棉幼文化体系中的重要内容，是棉幼实现爱的教育的一种手段。将教育寓于环境之中，既丰富幼儿的审美体验，给幼儿更多的归属感、亲切感、舒适感和喜悦感，又通过熏陶—感受—理解—内化的方式，满足幼儿学习与发展的需要，以立体化的方式延展我们的教育内涵，体现了园所风格与教育内容的和谐统一。

例如，幼儿园创设"爱的教育"的宣传栏、文化墙、爱心起航站、公共区角、书香校园等。教师和幼儿、家长一起研究幼儿园文化标识，如爱的文化符号，设计园徽、园旗、园歌、棉花宝贝吉祥物、手提袋等，进行整体的规划和设计，将"爱的教育"的文化理念体现在这些视觉材料之上，在无形之中传递和渗透着幼儿园的文化和理念。

2. 班级共生爱——营造温暖接纳的班级文化

"爱的教育"从哪里来？"爱的教育"应当是什么样的？这些答案首先应当到教育实践当中去寻找。班级是幼儿生活的主要场所，也是"爱的教育"的主要实践场所。班级文化是无形的，又是无处不在的，就像"随风潜入夜，润物细无声"的春雨，陶冶着幼儿的情操，塑造着幼儿的心灵。班级文化作为一种隐性的教育力量，表现出一个班级独特的风貌和精神，是一个班级的灵魂所在，具有凝聚、约束、鼓舞、同化的作用。我们支持教师基于对爱的理解，结合本班幼儿的实际需要，创造性地在班级中渗透园所文化，使"爱的教育"更贴近每个幼儿，贴合每个班级，让"棉爱"真正在每一个班级落地生根，开放出富有本班特色的花朵。

（1）细致用心的布置，激发爱的行动

棉幼将创造良好的育人环境与精神文化建设有机结合起来，以"爱的教育"为主题，进行班级环境整体设计，将思想、布局、育人功能进行和谐统一，一处一角都透着关爱，一事一物都激发着自主。例如，在班级中，老师给有特殊需要的孩子提供爱心桌，提醒班级其他孩子给予他们关爱；在教室里种下爱的智慧树，设置爱的信箱，鼓励孩子们把内心的爱表达出来；为了增强孩子们的自我认同感和对同伴的爱，中班的老师根据孩子的需求，在班里创设了个性区，让孩子们发现自己的可爱，欣赏同伴的可爱。就是在这种细心观察和耐心支持中，"爱的教育"的班级环境逐渐具体化、细致化，使环境能够真正支持幼儿的发展。

（2）温暖接纳的师幼关系

良好行为和品质的养成，离不开一个支持接纳的心理环境。营造接纳、肯定、支持、鼓励的环境，让幼儿园的每个人能够感到平等和尊重。棉幼的班级文化在爱的文化底蕴下，充分尊重幼儿的主体地位，注重师幼共同营造良好的氛围，能够激发幼儿游戏、生活的乐趣，形成乐观向上的良好气氛，有利于幼儿的健康成长。在课程实施过程中，老师们遵循爱每个孩子、接纳每个孩子的原则，平等对话，尊重差异，包容个性，呵护心灵，让他们时时刻刻在爱的环境中熏陶，自然萌发出关爱、感恩、友善等美好品德。

"温暖""接纳"是棉幼班级文化建设的核心特质。温暖是能够渗透心灵的人性力量，是班级文化的精神内核。班级中温暖无处不在，有朋友互助的温暖，有加油鼓励的温暖，有关心体贴的温暖，有安慰陪伴的温暖，有默契无言的温暖，更有温柔体谅的温暖，每一处温暖都体现着爱的温度，呵护着爱的成长。接纳是爱的最高表达，是班级文化的动态力量，尊重差异、理解个性、包容不同，接纳他人的不一样，也接纳自己的新变化。每一个班级都在棉幼爱的文化底蕴下，围绕温暖和接纳的核心特质发展出了属于自己的班级文化，让班级文化更加丰富多彩，更具有鲜活的生命力。

（二）爱融群力，打造和谐共生的管理文化

管理根植于文化，也是文化的集中体现。幼儿园管理文化在园所文化体系中发挥着统整性的作用。在进行管理文化的建设时，我们主要有以下思考和做法。

1. 从"服务型"管理向"和谐共生"的管理转变

棉幼最初是"服务型"的管理文化，强调管理要热忱服务、民主服务和高效服务，服务幼儿、服务家长、服务老师。随着管理实践的深入，管理理念的更新，我们的管理也逐渐发生变化，由原来更注重管理干部单方面的"服务"发展为双向互动的管理，强调管理和谐共生的特点。这是因为，管理的对象是人，要"以人为本"，做到关注人、发展人、成就人，发挥人作为独立个体的主观能动性，使"外在的服务"转化为"内在的和谐共生"。这种和谐共生的管理文化，一方面强调尊重差异，凸显个体的能力和个性，另一方面强调互促互补，处理好不同个体的关系，最终能够达成

一致的目标。在这样的管理当中，每个人都是积极主动的，不同的力量是平衡而和谐的，人与人之间是互相支持的，共同推动幼儿园的和谐共荣，实现个体的齐头并进。

2. 完善幼儿园制度建设，支持"和谐共生"管理文化的实现

"和谐共生"的管理要想发挥实效，真正得到幼儿园每一名教职工的衷心接纳、认可与支持，必须以完善、公平、合理的制度为基础，做到制度面前人人平等。这就意味着我们必须要全面梳理和完善幼儿园的各项制度，加强制度建设，关注制度的落实，使制度不流于形式，而是切实成为收集广大教职工意见、规范全体教职工行为、提高工作质量的保障。在这一思路的指引下，我们建设和丰富了幼儿园的一系列制度，并且致力于推动这些制度的具体落实。坚持"以人为本"，对现有制度进行调整，更多考虑教师的实际需求，将评聘标准和教职工日常工作要求结合起来，组织教职工深入学习和讨论，接受大家的建议进行改进，并且以评价结果作为岗位聘任和工作调整的依据。评聘过程做到公开透明，充分调动教师们的积极性，使每名教职工都能更加客观地评价自己和评价他人，彼此之间更加和谐融洽，从而做到管理制度相对减少，专业发展保障制度不断完善。"努力、理解、能力和成绩"成为大家一致认可的工作标准和追逐的目标，充分实现了管理的沟通互动、提升效率、优化结构、和谐共生的功能，促进了教育教学质量的不断提升。

3. 尊重和关注，让每个人成为最好的自己

"和谐共生"的管理必须切实关注和尊重每一名教职工，了解和尊重他们每个人的想法和感受，使他们愿意表达自己的真实想法，共同为幼儿园的发展出谋划策。一方面，我们畅通渠道，鼓励和支持教职工表达自己的需求，营造愿说、敢说、想说的氛围，使大家能够说出自己的心声，鼓舞大家的干劲，愿意立足于自身的岗位，做出努力、做出成绩；另一方面，我们注重干部队伍建设，引导干部树立"德才兼备""甘为人梯"的思想，通过民主监督制度、座谈会、问卷调查等形式进行民主评议干部，促使干部自省、自警、自励，严格要求自己，自觉提升自身的专业素养和管理水平，能够真正得到广大教职工的信任与认可，并且在日常的管理工作中能够切实支持每一名教职工的发展，使得管理落到实处且温暖人心，达到和谐共生的效果。

（三）爱铸卓越，建设仁爱温暖的教师文化

百年大计，教育为本；教育大计，教师为本。我们坚信，教师的言行举止，是棉幼文化最直接的体现；教师的品德、能力，对教育教学质量有直接的影响。棉幼爱的文化，要滋养和培育教师成长，要让教师具备以爱育爱的能力，用爱润泽每个生命。

1. 师德为先，培育教师心中爱的种子

我们努力为教师营造一个充满爱的园所精神环境，使她们感受到被尊重、被关爱、被鼓励、被欣赏，悉心呵护她们心中爱的种子。我们开展师德演讲活动，鼓励教师们互相发现和交流日常生活中的温情与温暖。我们鼓励大家诚恳相待，互相帮助，并且记录下这些感动时刻，与大家在适宜的时间分享。我们开展教师沙龙，请不同岗位的教师分享自己生活和工作当中的感动，激发"发现之心"和"感激之心"。我们组织大家去慰问敬老院的老人们，给他们带去关爱和快乐；我们和南窖乡幼儿园、广西北海幼儿园手拉手，力所能及地给予他们专业、管理、人力物力等方面的支持……我们用平凡的行动践行着爱，播撒着爱，用爱心和行动浸润着教师美好的心灵。

2. 搭建平台，增强教师专业发展的自主性

幼儿园对教师的爱，很大程度上体现在支持教师自我实现上面。教师是直接为幼儿和家长服务的人，只有不断提高教师的专业能力，才能将爱的品位和能力提升到一个新的高度。一方面，搭建线上、线下专业培训平台。在全面投入使用网上教师自主研修平台的同时，我们开展了教师专业发展的分层培训，根据新入职教师、青年教师、成熟期教师和骨干教师四个专业发展阶段的特点与需求，针对性地制定发展目标、培养计划和培养制度。我们还借助教师专业发展评价工具，促成教师自我诊断培训需求，菜单式自主选择培训内容，促进教师专业素养与能力的持续提升。另一方面，我们善用人才资源，开展丰富多样的"园本培训"内容，突破过去专

家培训的思路，发挥园内骨干教师的作用，有针对性地根据园所实际进行培训。此外，我们积极拓宽培训渠道和途径，通过"春苗杯"教师基本功大赛、赴外考察和参观、教学观摩研讨、专家互动等多种活动，增长教师的见闻，丰富教师的经验，使教师的思维更加活跃，"爱的教育"的实践能力得到了进一步提升。

3. 柔化管理，让教师体验到职业幸福感

只有"有爱"的教师才能培养出"有爱"的孩子，只有懂得幸福的老师，才能给孩子一个幸福的童年。尽管我们有规范化的管理制度和细致烦琐的工作任务，但在落实时不是生硬的，而是强调以柔和之力管理，减轻教师的压力，改革教学管理体制，建立良性竞争机制，使教师感受到相互的支持和帮助，从而有效缓解教师的压力。在工会的组织下，我们发挥教师们的特长，开设了舞蹈、声乐、美工、表演等老师们喜闻乐见的社团活动，供老师们自由选择，为教师间的情感交流创造了更多机会，帮助教师调适情绪，以更好的精神状态和孩子们相处。

4. 征集"爱语绵言"，挖掘教师爱的智慧

多年来，棉幼人以自己无私的教育之爱奠定了"爱的教育"基调，在新一轮的园所文化建设中，各种理念和提法也有了更新，棉幼人爱的内涵也被进一步挖掘。相应地，教师的言行对孩子身心发展有着直接影响，一个个不经意的场景，一句句老师爱的话语，温暖着孩子的心灵，给予孩子无限的力量和自信，这就是棉幼教师的"爱语绵言"。它很简单，却生动和充满力量。比如，当孩子遇到困难时，王培老师说："我想你需要一些时间来解决这个问题，我就在你身边。"当孩子对活动感兴趣时，王宇老师说："你愿意跟我分享一下你是怎么想的吗？"当幼儿想妈妈时，李欣文老师说："我给你一个像妈妈一样的抱抱，好吗？"老师们中间总是蕴藏着朴素的智慧，我们将这些平凡的话语、朴素的智慧汇集成册，给全园教职工分享和学习，让爱的教育走进我们生活的点滴，落到每个人的一言一行之中。

（四）爱促思考，打造启迪砥砺的教研文化

爱的教育是有内涵和底蕴的，它的底蕴来自长期的实践、深入的思考、研究的热情。"以教科研为龙头"是棉幼几十年来的特色和优势，良好的教研氛围、丰富的教研活动、个性化的科研探究，让我们能够透过教育现象探求教育本质，直面教育的现实，实事求是地、有效地解决教育教学中的真问题、真需求。

1. 重实效，发挥教科研的价值

"十五"期间，棉幼作为北京市唯一的首批《纲要》试点园参与了教育部重点研究项目。在这个过程中，我们深刻地认识到必须重新审视教研的价值，幼儿园普遍存在的实践与理论脱节、教师思考与研究能力不足等问题，都需要通过教研的过程予以解决。我们依据"问题即课题，教学即研究，成果即结果"的指导思想，遵循唯真不唯假，唯小不唯大，唯实不唯虚的原则，让每位教师都走上"求真"的道路。近十几年来，我们结合教育改革的热点、难点问题，以及教师在教育教学活动中的困惑，开展了"幼儿社会性教育园本课程的实践研究""基于幼儿园网络环境的教师自主研修平台的建构与应用研究""幼儿自主阅读的发展特点及其与图画书阅读教学的关系研究"等，从日常实践中生成科研主题，以科研引领日常教研，往深入、系统层面开展，这样就保证问题能够得到科学、有效地解决，保教质量和教师业务水平能够在教科研的过程中得到稳步提高。同时，对教科研工作规范化的管理，加强对教科研的规划制定、工作开展、问题解决、科研创新等工作的指导和评价，也让我们在研究、实践过程中的思考和成果得以保留下来，有推广和使用的价值，真正提升了棉幼科研工作的质量和水准。

2. 重支持，促成教师自主思考与研究

教研活动要有成效，需要保护教师的研究热情，提高教师的研究能力，让教师在研究中获得专业发展的成就感，这是对老师爱的体现。园长和干部以身作则，积极参与教科研活动，体现自身的引领价值，密切关注教师真实的教育过程，深入分析教育教学过程中的困难和问题，帮助教师着手解决，从而使教师们克服了对研究的畏难心理，使他们认识到研究就在日常的保教工作之中，教研过程充满了快乐和成功感，教师的自身价值感和职业幸福感得到进一步提升。将教师引入主动研究的境界之中，把对孩子的爱转化为研究的动力，同时在研究中提高自己爱的能力。我们每年组织教师开展园级课题的立项、审报及研究，鼓励和支持教师将实践中遇到的问题以专题、课题的形式进行系统思考和研究。我们建立了"课题研究制度"，设立了"课题日"，对所有立项的园级课题开展定期的跟进和指导，组织分享课题研究中的经验和困惑，教科研人员及时给予人力、物力等方面的支持，以满足教师研究的需求，助推课题研究的圆满完成。

3. 重合作，发挥专业学习共同体的作用

群体之间思想的碰撞与交锋是良好教研文化的体现之一。在这个过程中，我们重视组织分享，达到互相启迪、互相学习、共同进步的作用，做到人人参与研究，人人共同研究。我们强调教研的过程既要启迪智慧，又要砥砺人格，这涵盖了专业智慧和道德智慧两方面，即一方面要通过合作性的教研提高专业能力，另一方面也要砥砺、磨炼教师的人格与品性。

我们鼓励和支持教师以合作的方式开展教科研，建立了"课题合作研究制度"，集群体智慧去解决问题，学会合作，并且善于合作，形成了"同一发展阶段教师共研、不同发展阶段教师互引、一对一跟进指导、一个模范引领一群人"等多种形式的学习和研究共同体。在此过程中，我们明确了"以困惑和问题为教研的核心内容、以研究意识和方法培养为核心目标、以对话和质疑为核心方法、以快乐和收获为核心价值"的教研思路，追求教科研活动的实效，逐渐形成了"乐研究、善合作、重支持、求实效"的教科研价值观，并且实现了以下四个转变：从领着教师研究到教师根据自身需要开展自主研究；从与日常工作相脱离的研究到针对实践中的问题开展研究；从教师孤立的研究到给予支持的合作研究；从缺少理论指导的研究到用理论来不断反思实践的研究。

（五）爱育童年，建构以爱育爱的课程文化

棉幼的社会性教育有着很长的历史。随着实践的深入，我们对社会性教育的理解也经历了螺旋上升的几个阶段：从"开展社会领域的教育教学活动"开始，到"在各领域教育中渗透社会性教育"，又到"从各类型活动中充分挖掘社会性教育价值"，再到"研究社会性教育在促进个体认知、思维、解决问题、运动等各领域发展中的价值，通过以社会性发展为基础，以社会性领域为主导的多领域学习，促进幼儿全面而富有个性的发展"。在这个过程中，"社会性是幼儿学习的引力波""学习始于交往"的论断在实践中得到了印证，这一发现也让我们社会性教育园本课程的建设过程变得豁然开朗。从"八五"期间开展幼儿品德教育研究，到"十一五"期间着手园本课程建设，目前我园已经形成了包含课程理念、目标、内容、实施途径、评价的完整课程体系。

课程以"爱的教育"为核心，以社会领域为基点有机融合五大领域，提出了"以爱育爱"的课程理念和"感受爱、表达爱、传递爱"的核心目标，从己我关系、人我关系、物我关系三个维度构建了课程目标和内容体系，旨在培养幼儿"愉悦自信、友好乐群、好奇主动"的品质与德行。课程主要有6种实施途径：一日生活、自主游戏、社会实践、主题活动、育人环境、节日活动。

棉幼的育爱课程具有以下几个特点：

1. 鲜明的爱的文化

棉幼爱的文化成为育爱课程浑厚的基调和浓重底色。棉幼爱的文化不仅已经成为棉幼人共同的价值追求和教育理想，而且已经以育爱课程为主要载体，体现和渗透在一个个生动的活动之中，一次次教师与幼儿、幼儿与幼儿的互动之中，浓浓的爱意流露、温暖的情感关照、贴心的"爱语绵言"。

2. 具有清晰的"社会性发展"的逻辑线索

棉幼的育爱课程遵循了幼儿的认识线索，即从自己到他人再到社会、由己及他、由小到大的认识过程，体现了《3～6岁儿童学习与发展指南》（以下简称《指南》）中幼儿社会领域发展目标与内容的线索。

3. 革新与深化了社会领域的学习方式

育爱教育改变了以往"教孩子怎样爱"的培养方式，而是采用"感受爱—表达爱—传递爱"这种流动着的"爱的三部曲"。育爱教育从孩子们蒙受爱、得到爱的滋润与滋养开始，"感受爱"是爱的教育的第一步，也是关键的一步，是培育爱的土壤、积累爱的养分、积蓄爱的力量、萌发爱的种子的阶段和过程。

（六）爱凝团圆，打造融合共通的家园文化

融合共通是指幼儿园与家长要在教育问题上站在统一立场上，形成共同的教育理念，实现相互沟通、资源共享、平等互敬、共同育人。《指南》指出，要帮助家长形成对幼儿、对幼儿的学习和发展、对幼儿的入学准备、对幼儿教育的本质的正确理解，学会尊重、理解孩子，用科学的方法教育孩子。现在，幼儿园家长工作已经由简单的信息传递向多维互动转变，建立完善的家长学校体系，全方位地对家长进行指导，引导家长参与幼儿园教育，增强亲子互动学习逐渐成为幼儿园实践的一大趋势。

1. 借助信息化手段，搭建多元化沟通渠道

我园树立开放的办园理念，开门办学，给家长以教育的知情权。比如，为了建立互信的家园关系，让家长了解真实、全面的幼儿在园状况，我们建设了"宝宝视频在线"系统，支持家长随时随地在线查看幼儿园各个教育活动现场，至今已坚持了十多年。

随着信息技术的不断发展，手机成为家长与外界联系的重要通信工具，我们利用手机的便利性，充分创新沟通形式，进一步提升家园沟通的时效性。在日常生活中，通过班级微信群、QQ群、APP平台、幼儿电子档案等信息化手段进行交流沟通，既能够及时接收幼儿园全体的通知、要求等，又能够关注班级个性化的需求，选择适宜的沟通方式，充分提高了沟通的时效性。

例如，在园所微信公众号中，专门设置了"家长微课堂"这一板块，定期向家长发布育儿信息，一方面服务我园家长，另一方面也面向社会，给更多的家长提供信息，发挥示范园的辐射作用。

2. 以家长学校为载体，系统提升共育成效

随着区级重点课题"幼儿园家长学校建设的实践研究"的开展，我园遵循以科学调研为基础，系统规划为保障的基本思路，全面梳理和提升我园家园共育的质量。在教科室的牵头下，我们调查了家长在育儿方面的困惑和需求，也对我园家园共育工作开展的现状进行了反思，客观分析了我园家长学校存在的内容不够系统、运行机制不够完善、不能满足当下各个

层次家长的实际需求等问题。基于此，我园从组织管理、群体分层、内容建设和多元形式四个方面着手，系统提升家长学校工作。

（1）完善家长学校组织制度，建立研究团队

组建家长学校研究团队，确立具体的分工。以园长为核心，整体统筹家长工作，副园长带领教科室，进行科学方案的制定与全面协调。

组建家长学校讲师团，明确任务和职责。讲师团成员由各领域专家、社区艺人、家长等组成，根据课程的安排商讨讲座内容和形式，并定期进行宣讲。

同时，完善家长学校制度，发挥家长主动性，与家委会讨论并形成家长学校制度。

（2）将家长需求分层，合理规划家长学校内容与形式

不同的家长群体对育儿有着不同的需求，提高活动的针对性对改进家长学校开展的质量有着重要意义。为了在大范围内满足一般性的、普适性的育儿需要，我们将家长普遍存在需求的内容，借助大型讲座、网络传媒的形式开展相关活动。针对存在于班级或部分家长中的需要，例如亲子阅读、家庭活动等内容，则通过家长会、家长沙龙的形式开展，在满足部分家庭需要的同时，这种小组化的家长学校活动也能够较为有效地提高家长的实操能力。而对于个别问题、特殊需要，我们则通过家长咨询、个别指导的方式进行，能够较为深入、有效地解决个性化的问题。

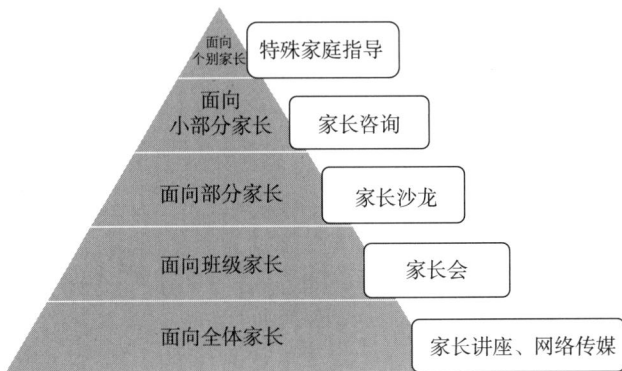

（3）完善课程内容，丰富和落实各种形式的家长学校活动

每学期，通过分析家长调查问卷和与访谈家长，逐步确定和完善适合

大中小班家长的课程内容，形成固定的课程。在进行常规的家长讲座、家长开放日、家长委员会参与管理的同时，创新开展家长沙龙、亲子阅读、家长助教等活动。我们把家长请进教室，成为"家长教师"，他们发挥自身的特长开展教育活动。每次活动，家长教师们都认真备课、写反馈，家长与教师的教育理念做到了真正融合。比如，家长助教总能用孩子能够听懂的语言，深入浅出地讲解航天飞行、飞机、汽车、火车的功能；非遗传人介绍拓印、泥人、剪纸、文房四宝、油彩水墨等传统文化，为孩子们提供多种多样的体验活动，让孩子在玩中学。

3. 创造有力抓手，将爱的教育延伸到家庭之中

家庭教育是幼儿园教育的重要补充，健康科学的家庭教育对幼儿终身发展有着重要作用。因而，幼儿的良好发展需要幼儿园科学有效的教育，也需要家庭教育的积极影响，家园要建立和谐、紧密、积极、有效的联系。

在长期的家园共育过程中，我们发现，家长对子女教育问题十分重视，但缺乏科学的方法、能力。于是，我们根据《指南》与小班、中班、大班孩子的年龄特点和需要，分别设计、撰写和出版了《家园共育手册》，使每位家长均有一册，为家长提供必要的抓手。

简言之，育爱课程的理论与实践探索经历了漫长的旅程，既有历史渊源和理论基础，又有实践的经验与智慧。从"热爱孩子赛妈妈"起源，继之以品德教育和社会性教育为核心的审慎探索，继而跟随时代发展探索以爱育爱的课程建设。育爱课程深度体验，深切感悟，具有"深"的特点。育爱课程实际践行，真实收获，具有"实"的意义。育爱课程厚植爱的底色，正在走深走实，但也还有值得不断改进和完善的地方。我们将继续围绕爱的教育，在理论建构和实践探索中不断优化和完善。

编　者

目录

序言
前言

••• 理论建构篇 •••

••• 实践探索篇 •••

理论建构篇

棉幼的爱是一种"温润的爱"
棉幼的爱是一种"适宜的爱"
棉幼的爱是一种"个性化的爱"
棉幼的爱是一种"博大的爱"
棉幼的爱是一种"流动的爱"
棉幼的爱是一种"持久的爱"

——棉花胡同幼儿园爱的特质

第一章 育爱课程的缘起

（一）时代背景：新时代立德树人、培根铸魂的需要

党的十八大报告明确提出："把立德树人作为教育的根本任务，培养德智体美全面发展的社会主义建设者和接班人。"十八大以后，习近平总书记在多个场合强调立德树人的重要性，强调教育要培根铸魂、启智润心。爱的教育是对"立德树人""培根铸魂"的积极回应。以爱育爱是育爱课程的价值追求。教师让幼儿在爱的教育中成长，感受爱，学习表达爱和传递爱，从而形成良好的道德品质，实现以爱育德，培根铸魂。

（二）历史渊源：育爱课程探索之路的过去与现在

棉幼"爱"的传承得到了学前教育专家的专业支持与引领，爱的教育实践也在逐渐明晰，开展了一系列有关幼儿社会性教育的实践与研究。

早在"八五"期间，在北京师范大学学前教育专家梁志燊、张燕等教授的指导下，棉幼进行幼儿品德教育的研究，初步奠定了社会性教育的传统。"九五"期间，在中央教科所廖贻老师、北京市教育科学研究院早期教育研究所徐明、刘丽等老师的指导下进行课程改革实践，使幼儿园初步奠定了社会教育的特色，对棉幼的教育传统进行创新。"十五"期间，棉幼作为北京市唯一的首批《幼儿园教育指导纲要》（以下简称《纲要》）试点园开展了"贯彻《幼儿园教育指导纲要》行动计划"的研究。在华东师大学前教育专家李季湄教授的带领下，转变教育观念，全面贯彻落实《纲要》开展实践。我们将关注点聚焦在每一个幼儿身上，创设良好的育人环境，开展了"创设丰富的环境，促进幼儿富有个性的发展"的深入研究。以"爱"来支持每一名幼儿的成长与发展，使"爱的教育"的实践进一步丰富。

棉幼系统地进行园本课程建设，要追溯到"十一五"和"十二五"期间。棉幼继续在"爱的教育"的道路上进行探索，开始建设独有的"以爱促发展"的园所文化，实践和建构以"感受爱·懂得爱·学会爱"为核心的园本课程。棉幼关注幼儿个性，同时也重视幼儿社会性的发展。爱的教育特色日益凸显，爱的教育实践更为明晰。我们以课题研究带动教育实践，系统地梳理富有棉幼特色的社会性教育经验，让教师能够站在课程的高度深入理解幼儿社会教育的目标和内容，创新社会性教育的实施途径。

进入"十三五"时期，文化建设作为提高幼儿园办园品质的必经之路，促使我们更为冷静地思考棉幼的文化是什么、为什么以及如何实现真正落地。

现阶段，我们基于《3～6岁儿童学习与发展指南》（以下简称《指南》）和教育改革中的新精神，从幼儿学习与发展的角度，重新审视了幼儿社会性发展的内涵、价值，并对社会性教育园本课程进行了全面提升，形成了包含课程理念、目标、内容、实施途径和课程评价的完整的园本课程体系。

（三）课程领导：推动课程质量提升的保障

课程领导力作为园长素养的核心能力，近年来颇受关注。课程领导力的内涵丰富，包括确定课程价值取向、课程的选择与规划、课程的设计与开发、课程的组织与实施、课程的总结与评价，课程的领导与管理能力。但是，棉幼的园长认为课程领导力不应只有园长一人具备，幼儿园的各级管理者都应当具备课程领导力。课程领导力影响着教师实施育爱课程的积极性和主动性，对育爱课程质量的高低有着直接的影响。

1. 课程领导体系的构建和完善

课程领导力想要落到实处，需要协同发挥园长、副园长、主任、教研员、班长、教师等的课程领导力。只有将这些不同层次的课程领导力发展起来，才能真正发挥课程领导力的作用。棉幼在建设和实施园本课程的过程中形成了课程领导的层级结构。同时，后勤、保健、财务、人事、专业教师等各个部门的工作也与教育教学工作密切结合，形成了课程领导层级结构的外围保障，构成交错相织的联系网，将各方面力量集中起来共同促进园所课程和教学工作的开展，使课程领导体系能够建构得更加完善，作用发挥得更好。

2. 推进课程研究手段，将研究"做小、做实"

课程领导指向于幼儿园课程的建设和实施，是园长及幼儿园其他管理者业务能力和素质的直接体现。课程领导的落实必然与幼儿园的教科研工作密切结合，这是因为幼儿园的教科研工作就是紧密围绕课程与教学工作来开展的，是课程领导的直接体现，也是课程领导得以落实的一个重要途径。

我们历来重视教科研工作，注重将课题研究工作与园本课程工作密切结合，取得了很好的成果。在研究的手段上，我们倡导"做小、做实"，抓住幼儿园课程建设的关键问题，调动积极性和能力较强的班级和教师，先从"点"出发，切实"做小、做实"，在此基础上，以点带面，从班级推及至全园，将研究做得更加全面、更加深入。

3. 课程领导者不断提升课程管理能力

课程领导力的落实，直接关系到具体的课程管理能力。在明确了幼儿园课程的价值取向之后，微观的、实践的课程管理能力就会凸显出来。正所谓"开卷有益"，我们十分重视利用工作之余多读书、多思考、增广见闻。同时，管理是一门"活"的学问，必须在实践当中活学活用。课程领导者要关注实践，结合实际工作和所学知识进行思考、总结、归纳和提升。时代在变化，我们要领导和管理的教师队伍也在发生着深刻的变化，如何调动这些年轻人的积极性，如何有效地提升和发展这些年轻人的能力，使他们真正能够更加理解和运用育爱课程，是课程管理能力应当关注的核心问题，这是我们一直努力的方向。

(四) 资源挖掘：建构课程资源体系的"活水"

大自然、大社会都是活教材。我们充分挖掘了自然课程资源和社会课程资源，比如大自然中的食物链、生物圈、气候、四季、节气等，以及社会中的群体行为规范、风俗习惯、公共场所等。我们基于自身的地域特征，将中华优秀传统文化中的传统节日、民间游戏、传统乐器、文学典故、戏剧等作为重要资源，增强文化认同感，建立民族自豪和自信。我们还努力打造融合共通的家园文化，创新家长沙龙、亲子阅读、家长助学、家长讲堂等活动，真正将家长转化成有效的课程资源。随着我们对课程资源理解的不断深化，课程内容也在逐渐得以丰富和拓展。丰富的课程资源，为班级环境、活动多样性提供了支持。

在此过程中，我们重点挖掘了以下资源：

1. 内部资源——独特的生源和园所环境

（1）独特的生源

受周边环境影响，棉幼的孩子大部分生在胡同，养在胡同，自幼便携带着"北京基因"，胡同里的民风民俗感染着孩子们，使得孩子们骨子里就带有独特的"京味儿"气质。同时，因棉幼坐落在西城区，临近中南海。基于特殊的地理位置、厚重的历史文化传统和坚定的共产主义信念，孩子们形成了全区人民共同传承的"红墙意识"。"家事国事天下事事事关心"，在家长们的正面影响下，孩子们从小就对祖国、对民族有着强烈的认同情感，而这也为"爱的教育"提供了源源不竭的精神动力。

（2）园所环境

高质量的幼儿园环境是优质幼儿教育的重要保障和构成要素。现代社会，幼儿教育一个很重要的方面就是增进对自己国家和民族的了解，增强对自身所属文化的认同感，建立民族自豪感和自信心。我们在公共环境、班级环境创设中有意识地渗透中华传统文化等内容。我们精心思考和设计园所环境，力求在公共环境创设过程中将抽象的课程理念、目标转化为环境中可视化的组成部分。从整体环境来看，棉幼主园浪漫神秘的淡紫色外墙、棉幼分园古香古色的四合院建筑、走廊文化等成为浓缩园所育爱理念的重要风景线。具体来看，幼儿园里"爱的教育"的宣传栏、文化墙、爱心起航站、公共区角、书香校园、小池塘里的"爱"字石都在发挥着隐性课程资源的作用。此外，教师和幼儿、家长一起研究幼儿园文化标识，如园徽、园旗、园歌、棉花宝贝吉祥物、手提袋等，进行整体的规划和设计，将"爱的教育"文化理念体现在这些视觉材料之中。

2. 外部资源——独特的地理位置和文化资源

棉幼坐落于护国寺社区，紧挨着护国寺大街。这条大街有护国寺小吃店、门丁肉饼等传统北京小吃店，也有护国寺新天地、星巴克、翅吧、面包店等新兴饮食店。

棉幼毗邻戏剧大师梅兰芳先生故居。北京市梅兰芳艺术基金会授予我园"中国京剧梅派艺术传承基地"的称号，这为熏陶小朋友们对京剧的热爱，传播传统文化注入了强有力的力量。此外，幼儿园附近还有郭守敬纪念馆、西海湿地公园、人民剧场等著名文化设施。独特的地理位置和文化资源、民风民俗，使得幼儿园从创建伊始就受到了浓厚的文化浸润。

3. 人力资源——家长资源和专家资源

我们努力打造融合共通的家园文化，在开展常规的家长讲座、家长开放日的同时，创造性地开展了家长沙龙、亲子阅读、家长助学、家长讲堂等活动，邀请家长参与课程制定、实施和评价，充分发挥家长的主体性和主动性。

在园本课程建设过程中，我们还充分利用专家资源，尤其是中央教育科学研究院、北京师范大学、南京师范大学、首都师范大学、教委、研修学院、早教所等部门的专家给予了我们许多指导，这让育爱课程得以稳步地深入开展。

第二章 育爱课程的课程理念

(一)"以爱育爱"的课程理念

习近平总书记在党的十九大报告中提出了"幼有所育"。"以爱育爱"是教育规律,在形式上表现为"爱的传递",表现为不同主体爱的行为相互呼应、生生不息的过程。教师对幼儿付之以无私的爱,以教育之智慧付诸育人行为之中,在这一过程中,幼儿会有所感受,有所体验,自然地表达爱、传递爱,提升与发展爱的情感、爱的行为、爱的能力,彰显爱的艺术。

(二)"以爱育爱"课程理念解读

"以爱育爱"的课程理念主要有以下三方面的含义:

1. 把爱作为教育的基调和底色

"没有爱就没有教育",教师工作作为一种精神生产,其劳动成果一定要凝聚在学生的心灵上。《幼儿园教师专业标准》第一条"师德为先",明确提出了作为幼儿园教师要"热爱学前教育事业,具有职业理想,关爱幼儿,尊重幼儿人格,富有爱心、责任心、耐心和细心。"幼儿园课程建设是一项浸润爱的事业,没有对事业和儿童的热爱,就难以支撑坚持不懈的课程探索,也难以产生真正触及儿童心灵的课程。育爱课程以教育之爱贯穿课程始末,弥散在时间空间之中,我们以爱的文化滋养和培育教师爱的心灵,悉心培育和呵护教师爱的种子,教师则以充沛的情感、灵动的智慧以爱育爱,润泽每个生命。在这一过程中,幼儿能够有所感受,有所体验,自主地、自然地懂得爱、表达爱、传递爱,提升与发展爱的情感、爱的行为、爱的能力、爱的艺术。

2. 丰富的社会互动体验是培育、萌发和传递爱的主要途径

人的社会性发展是指个体在与他人的交互作用中产生的情绪情感、自我概念、动机、品质、人际互动能力、行为习惯、社会认知和社会态度等各个方面的成长与变化。幼儿社会性品质的培养要在生活和游戏中进行,在与自我、他人和环境的互动中实现。育爱课程尊重儿童以体验和操作为主的学习方式,通过多元的活动,丰富幼儿在不同社会情境中的体验,在与不同的人、事、物的互动中进行探究和学习,实现经验的建构、自然地生长。在这个过程中,孩子们与自然、丰富的学习环境充分互动,与来自不同单元的教师、家长、同伴在不同的情境下进行社会交往，在自然环境、文化场所、活动情境中陶冶情操、建构经验，实现爱的培育、萌发和传递。

3. 育爱课程以个体建立关系为导向

育爱课程以爱为起点，以育为途径，指向于让儿童获得幸福生活的能力，既能感受当下的幸福，又具备创造未来幸福生活的能力。根据爱的理论和社会性教育规律，实现这一目标的核心在于建构三种关系，即己我关系、人我关系、物我关系，因而以关系为基础是育爱课程的核心特质。我们认为，教育是用生命点亮生命，儿童的成长要借助于关系，又发展自身建构关系的能力。我们关注教师在课程中的倾听与支架作用，关注与家庭建立融合共通的伙伴式关系，并为儿童积极融入社会环境提供充足的机会，构建一种既能发挥教师的主导作用，又能充分体现学生主体作用的新型教学模式，等等。总之，我们将儿童放置在一个广泛而积极的社会关系网络中，儿童是属于整个社会的儿童，儿童的教育也得到了整个社会的支持，让儿童在社会建构中实现社会化。

第三章 育爱课程的课程架构

育爱课程是与"爱的教育"文化一脉相承的，通过多年的实践和研究，我们不断反思、梳理，形成了育爱课程的同心圆（图1）。这个同心圆的正中心，是育爱课程的课程理念，我们以"感受爱、表达爱、传递爱"为课程核心目标，以榜样示范、支持接纳、宽松互动、全面渗透、活动多样为课程实施原则，在对"爱""爱的教育"的理论基础、课程资源进行挖掘和梳理的基础上，形成了包含课程目标、课程内容、实施途径、课程评价为核心要素的育爱课程体系。

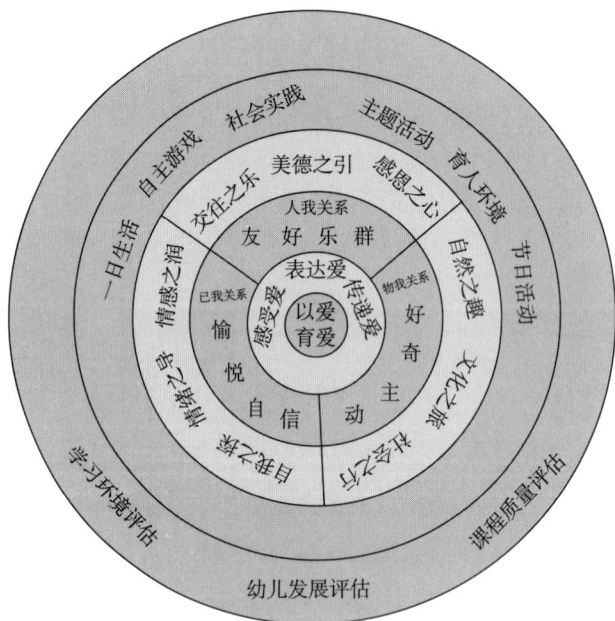

图 1 育爱课程的同心圆

（一）核心目标

在育爱课程中，我们期望孩子养成向上、温暖、阳光的心性和态度，形成友善、感恩、好奇、专注的行为和品质，拥有丰富、积极、健康的情感，以爱之力，幸福生活。围绕这个期望，我们将育爱课程的核心目标定为"感受爱、表达爱、传递爱"。

1. 孩子的成长需要爱

给孩子营造爱的环境，用真挚的爱感染、丰富幼儿的情感，保护、培育幼儿敏感、细腻的心灵，使其体会、吸收来自周围的呵护、关爱。让孩子在生活中感受爱是育爱课程的基础。

2. "爱"不仅仅是教育途径，也是教育的目的

让孩子具备爱人的能力，自然、自主地形成爱的行动，用适宜的方法、行为去表达爱，在表达爱、给予爱的过程中感受幸福，是育爱课程的核心。

3. "爱"具有相互传递与唤醒的特点

爱的"给"与"得"的关系不是绝对的，而是在人与人的互动过程之中能够相互转化的。一个爱的行动能够引发美好的情感，一个爱的行动能够唤醒另一个爱的行动。这种传递爱的过程让教育绽放出无穷的魅力。这是育爱课程的完美境界。

需要强调的是，感受爱、表达爱、传递爱作为核心目标，不是简单的线性关系、因果关系或相互孤立的，而是相互交织、相互关联、相互影响的关系。同时，感受爱、表达爱、传递爱是相对外显的行为，育爱课程真正关注的是以爱为纽带的关系问题，关注的是爱的关系产生、维持、调节、转变的过程。所以不能用偶发的行为作为衡量课程目标达成与否的标准，而是关注其持续性、真实性、稳定性、可迁移性，避免育爱课程的目标表面化、形式化。

（二）课程目标

既然"爱"是课程的核心，那么对于幼儿来说，如何能够具有"爱的能力"？裴斯泰洛齐提出爱的教育四部曲：萌爱、释爱、施爱、启爱。他认为爱的教育的实施途径表现为爱母亲、爱亲人、爱邻人、爱全人类，及实现学校教育家庭化。育爱课程的课程目标结构基本遵循这一原则，由自我环境逐步扩展到人际环境、物质环境和精神环境，再依据个体与环境互动中产生的己我关系、人我关系、物我关系三种关系，提出了"愉悦自信，友好乐群，好奇主动"的课程目标，三种关系相互作用，无限发展。

目标 1：愉悦自信——己我关系角度

育爱课程的第一个目标为"愉悦自信"，即有积极、稳定的情绪情感和自我认同。是从己我关系，即身体与心理的关系这一角度提出来的。

目标 2：友好乐群——人我关系角度

育爱课程的第二个目标为"友好乐群"，即适应和喜欢社会生活，懂文明礼貌，富有同情心、责任感，乐于互助、合作、分享。这是从人我关系，即人际关系或社会关系这一角度提出来的。

目标 3：好奇主动——物我关系角度

育爱课程的第三个目标为"好奇主动"，即亲近自然、热爱生活、乐于探索、富有想象力和创造力。这是从物我关系，即个体与物质环境的关系这一角度提出来的。

（三）课程内容

课程内容是实现课程目标的手段。在选择和组织课程内容时，我们主要平衡三个方面：其一，从获得基础知识和基本技能的角度，选择和组织在一定程度上反映人类文化遗产中的精华，又是幼儿适应未来社会生活所必须的内容；其二，从课程与社会生活之间联系的角度，强调幼儿在学习过程中的主动参与，注重使课程内容贴近社会生活；其三，从幼儿经验的角度，从幼儿的兴趣需要、阶段性特点、能力、生活经历等选择和组织课程内容。我们强调课程与社会生活的联系，围绕课程目标，形成了三大关系、九个方面的课程内容体系（图 2）。

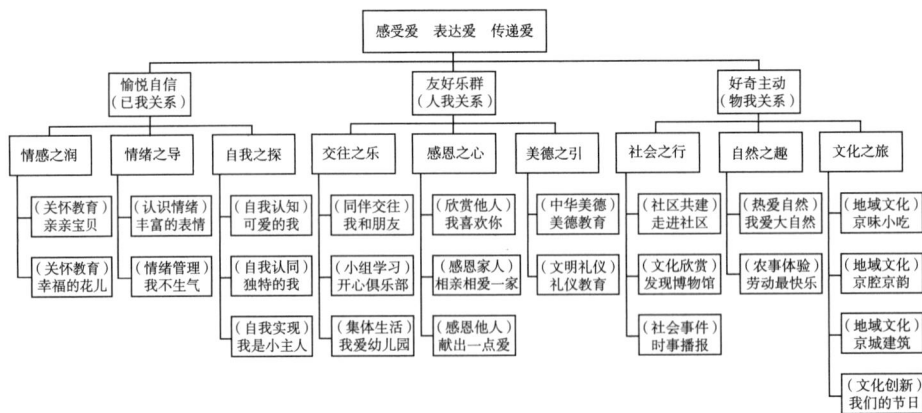

图 2　育爱课程三大关系、九个方面课程内容体系

与课程目标提出的角度一致，育爱课程的内容包括三部分，即指向自我的社会教育内容、指向他人的社会教育内容和指向社会文化的社会教育内容，三部分内容各有侧重，相互渗透。基于此，我们建立了相互渗透、各有侧重的课程内容体系：在己我关系的"愉悦自信"这一目标下，以"情感之润""情绪之导"和"自我之探"作为课程内容；在人我关系的"友好乐群"这一目标下，以"交往之乐""感恩之心""美德之引"作为课程内容；在物我关系的"好奇主动"这一目标下，以"社会之行""自然之趣""文化之旅"作为课程内容。

1. 情感之润

一个心中有爱的儿童，必定生活在一个充满爱的环境之中，在情感的滋养中成长。幼儿园和家庭是儿童生活的主要场所，我们从这两个维度开展活动，分别指向于师幼关系和亲子关系。从幼儿园角度来说，以"爱语绵言"为主要载体，让儿童在这里通过听、看、做，亲身感受到同伴之爱、教师之爱、集体之爱。从家庭角度来说，主要以家长学校为载体，增进亲子交往、情感滋养和共情陪伴，让家长在参与中感受到，亲人的陪伴是孩子最好的滋养。

2. 情绪之导

俗话说：孩子的脸，六月的天，说变就变。在孩子的成长过程中，总会产生不同的情绪体验。当我们遇到孩子们的"小情绪"时，如何让孩子正确认识情绪？如何安抚，帮助孩子情绪管理？这就需要孩子具备一定的情绪认知能力和调节管理情绪的能力。围绕这一目标，我们开展"我不生气""丰富的表情"等活动，在孩子心中播下爱的种子。

3. 自我之探

我是谁？我是什么样的孩子？这是孩子内心的追问。懂得爱自己的孩子，会认识和接纳自己，自信自主，愿意表现和分享。育爱课程要直达孩子内心深处，让孩子获得内在的完满。

4. 交往之乐

童年时期的友谊是珍贵的，幼儿的人我关系是在丰富的互动中建立的，他们之间的相处方式常常是直白的、热烈的，孩子之间的边界也是不明晰的、流动的。因此，我们开展了"我和朋友""开心俱乐部""我爱幼儿园"等多种活动，让儿童在丰富多样的社交活动中感受人与人之间的情感联结带来的愉悦。

5. 感恩之心

感受爱是基础，表达爱、传递爱是育爱课程追求的境界。对儿童来说，从受到恩惠产生感恩之心，从观察家人如何爱自己学会如何爱家人，从理解文化、环境与自身的关系而产生主动探索的愿望，这些过程让感受爱、表达爱、传递爱变得深刻、生动。孩子内心爱的种子在萌发、生长，是育爱课程内容的核心，也是育爱课程落实的关键。

6. 美德之引

美德是经过时间长河冲洗后留下的金沙，是完善人格的自我修炼。我们把日常的行为习惯、老北京的美德行为纳入其中，深挖中华传统美德的内涵，建立与儿童生活的联系，让儿童在感受文化多样性的过程中自然地模仿、习得。

7. 社会之行

人是社会的人，社会是人的社会。养育一个孩子需要一个"村庄"，而这个"村庄"正是让孩子能够在一个真实的社会、真实的社区里学习和成长的肥沃土壤。我们从社区共建、多元文化欣赏、时事等方面拓展课程内容，让儿童在了解社会文化、感受社会氛围以及参与社会活动的过程中，拉近与周围事物的距离，获得最真实的体验，共建和谐社会。

8. 自然之趣

儿童是自然之子，大自然里包含着取之不尽的教育资源。我们从"拥抱自然""农事体验"等方面让孩子在大自然中自由地探索，和自然"鲜活"地相遇，将自我与自然融为一体，在心中埋下热爱自然的种子。使孩子内心爱的种子开花结果后再尽情播撒，是对育爱课程内容的重要丰富和拓展。

9. 文化之旅

中华民族有着深厚的文化传统，中华文明延续着我们国家和民族的精神血脉，需要薪火相传，代代守护。因此，我们开展了"京味小吃""京腔京韵""京城建筑"等活动，让孩子淋漓尽致地感受地域文化的独特魅力，增强文化自信。同时，文化也需要与时俱进，推陈出新，如我们自主创新的"朋友日""独立日"等活动让孩子感受文化创新的氛围。

需要强调的是，虽然是从三个角度构建的园本课程内容体系，但是每个课程内容不是相互孤立的。从幼儿身心发展的特点和需要来说，课程内容应当是包罗万象的，如同一个感性的、综合的学习情境，跨越学科、领域的界限，根据幼儿的实际活动过程将课程内容进行灵活的结合、转化、创新。

（四）课程实施

课程实施的过程，是将育爱课程的目标转化为幼儿经验、幼儿发展的过程。建构主义的目的就是要寻求适合高级学习的教学途径。对同一内容的学习要在不同时间多次进行，而且分别着眼于问题的不同侧面。在各次学习的情境中会有互不重合的地方，而这将使学习者对概念知识获得新的理解。在这种学习中，学习者可以形成对概念的多角度理解，并与具体情境联系起来，形成背景性经验。这种教学有利于学习者针对具体情境建构用于指引问题解决的图式。

1. 课程实施理念

我们在实践和反思中，形成了"情操陶冶、行为养成、注重体验、渗透发展"的课程实施理念。即强调育爱过程知情意行的统一，强调情绪情感的先导性，强调幼儿在亲身体验中学习和发展，强调爱的教育的渐进性和渗透性。

2. 课程实施原则

原则一：榜样示范

观察学习是幼儿社会性学习的重要途径，耳濡目染的学习远比说教更为有效。在育爱课程的实施过程中，我们强调发挥同伴、教师、家长与周围的成人的四种榜样作用，以爱的行为举止去影响和教育幼儿。

原则二：支持接纳

每一个幼儿都是独特的个体，从生理到心理上都有不同的需求和表现。教师要营造支持接纳的环境氛围，在情感上、行动上接纳、尊重、支持幼儿。幼儿是极其敏感、细腻的，教师的接纳是真诚的、直接的、即时的，而且要有连续性。这里，教师要做到关注幼儿的个性化需求，并积极给予支持。

原则三：宽松互动

幼儿的社会性学习需要在宽松的氛围下进行，互动有四种形式，即幼幼互动、师幼互动、家幼互动和家园互动，遵循时间宽松、空间宽松、关系宽松和氛围宽松的原则。

原则四：全面渗透

培养幼儿爱的意识、行为和能力，不是一蹴而就的，而是需要幼儿在真实的感受和体验中，在实际行动和尝试中，在日复一日、家园协同的熏陶中学习和发展。所以，育爱课程要做到时间全面渗透、空间全面渗透、制度全面渗透和人群全面渗透，让育爱教育时时进行、处处存在。

原则五：注重体验

提供幼儿实践育爱课程的机会，注重让幼儿养成关爱他人的态度、习惯和品质。体验的过程不拘泥于固定的形式，选择富有童真、童趣及教育意义的方式，灵活创新，广泛多变，人群多样，形式丰富。

3. 课程实施的途径

（1）一日生活中的全面渗透与随机教育

渗透性是幼儿社会教育活动开展的重要原则。我们首先充分挖掘一日生活当中不同环节的社会性教育内容和契机，在这些生活环节中有目的地开展社会性教育。例如，我们自编了幼儿一日生活常规的儿歌《棉幼好孩子公约》，用这种快乐、轻松的方式引导幼儿理解日常的礼仪、规则等，养成良好的习惯和品德。在每天的经典诵读环节，孩子们和老师一起念一念、说一说经典古诗等，接受中华传统美德的熏陶。在盥洗和进餐环节为幼儿提供服务自我、服务他人的机会，并通过墙饰、儿歌等开展节约、环保等爱心教育。

同时，我们注重抓住一日生活中的突发事件开展随机教育。教师要敏锐地察觉和积极解决孩子所面临的心理需求。教师要对一日生活保持敏感，尤其关注那些幼儿可以理解、可以参与、可以有所作为的事件，深入分析这些情境和事件蕴含的教育契机和发展价值。从幼儿发展的角度来说，对现实生活越关注，就越能表现出了解生活的需要和兴趣，越易于获得广泛的、丰富的经验。

妈妈式的拥抱

每年九月，我们都会迎来一群可爱的小朋友。他们初次离开父母的怀抱，步入一个陌生的环境，面对与亲人的分离，他们表现出哭闹、不舍、抵抗等焦虑情绪。同时，由于小班幼儿自理能力、自我保护能力、认知水平都较弱，表现出对集体生活的不适应。为了让孩子们尽快适应幼儿园生活，我们尝试从环境入手，以爱的教育理念为主线，创设亲切、自然、温馨、充满爱的班级环境，帮助孩子们度过与家人分离的焦虑期，尽快适应并且愉快接纳幼儿园的生活。

每天早晨，老师们会早早地在门口迎接孩子们，给每个孩子一个大大的拥抱，孩子们管这个叫"妈妈式的拥抱"。拥抱过后，我们会神秘地变出一个小玩具送给小朋友，往往这时候，孩子们就会破涕为笑了，跟妈妈的道别自然也会顺利多了。渐渐地，孩子们把对家人的依恋转成对老师的依恋。老师还定制了几个特殊的靠垫，上面印着她的照片，每天孩子们都抢着抱着它入睡，嘴里还开心地叫着："宋老师是我的了！我可以一直抱着宋老师了！"

（2）以角色游戏和故事表演为主的自主游戏

角色游戏是幼儿园经常开展的一种游戏形式，幼儿能够通过角色扮演来认识社会生活中的各种事物，还能够对各种操作材料进行积极有趣的探索，在体验不同生活情境的过程中宣泄情感，理解规则，发展语言交流和沟通技能等。在角色游戏开展过程中，教师要对角色游戏的题材、幼儿的经验等进行价值判断，根据幼儿游戏的需要灵活提供材料。材料既可以由教师提供，也可以由幼儿自己设计和制作。如中班小朋友创建"棉花超市""棉花快递公司"角色区，在这个过程中，孩子们自主制定规则、确定分工，按照自己的职责、工作内容顺利地开展游戏。

故事表演游戏是幼儿按照故事中的情节扮演某一角色，再现故事内容的一种游戏形式。我们通过对幼儿故事表演游戏的观察分析，发现这种游戏一般会经历五个环节：选择适宜的故事—进行游戏场地、情景的创设—游戏道具的设计与准备—体验游戏过程—表演和展示。在不同的环节中，蕴含着分享、参观、倾听、交流、协商、合作等丰富的教育价值和发展可能。

（3）来源多样、深入持续的主题活动

主题活动最大的特点在于其综合性和围绕主题内在的一种逻辑性，让幼儿获得连续、丰富的经验和体验。在主题活动开展过程中，我们认为，预设主题与生成主题应同时存在，并构成一种比例适宜、动态平衡的关系，在教师发起的活动和幼儿发起的活动之间保持一种平衡关系，双方对主题的选择、开展过程都有一定的话语权，在教师与幼儿双主体的互动中让主题活动走向深入。

依据主题活动内容的来源，我们重点研究了以下四种主题活动。

第一，以幼儿游戏中的兴趣或问题为主题。游戏的过程是幼儿表达和展示内心世界，调动和整合原有经验、能力的过程。我们从幼儿在游戏中的对话、探究、作品等挖掘育爱线索，生成主题活动。比如，大班幼儿对魔方很感兴趣，我们用课程的视角看待幼儿表现，用开展主题活动的思路支持幼儿游戏，在班级中创设了魔方拼摆区，投放了多种造型、大小各异的魔方。教师在充分分析幼儿原有经验、魔方对幼儿发展的价值基础上，鼓励幼儿进行同伴分享和互助，鼓励幼儿和家人探讨魔方的操作方法等。随着活动的开展，魔方从一个竞技性很强的游戏，变成了班级中每个孩子都乐于参与、极富创造力的活动。

第二，以幼儿熟悉的人、事、物、环境为主题。我们尤其重视将重大时事作为课程的重要内容。幼儿的生活并非隔绝于社会之外，而是生活在真实的社会中。社会上发生的很多重大事件都会被幼儿关注，或是成为家长和幼儿交流的问题和内容。例如，环境污染、神舟飞船发射、奥运会等都是幼儿非常关注和感兴趣的内容。因此，我们也密切关注社会上发生的重大事件，并且探讨如何将这些重大时事作为幼儿社会性教育的重要内容和途径，如在节日、旅行、动植物、升旗仪式等主题架构中融合关怀、尊重、交往等教育目标。

第三，以与园本课程目标相关的心理品质为主题。课程在实施中，既要关注幼儿当下的兴趣和需求，又要着眼于幼儿未来的生活。所以，在课程实施过程中，我们通过对幼儿核心素养、各领域发展关键经验的挖掘，阶段性地从"己我关系、人我关系、物我关系"出发，开展与幼儿心理、品质培养相关的活动。例如，我们以绘本《独特的我》为引，开展了培养幼儿自我认知、自我认同、自我评价与同伴评价为主要目标的主题活动，并为孩子创设个性展示区，引导孩子走上了丰富的自我发现之旅。

第四，发挥绘本题材多元、形式多样、内涵丰富、深受幼儿喜爱的特点，形成主题活动，挖掘绘本的价值、故事线索，开展教育教学、故事表演、艺术欣赏、亲子阅读等活动。

（4）拓展经验，开阔视野的社会实践

社会体验活动是一种特殊的教育活动，我们将其作为社会领域课程的重要组成部分，也是幼儿园各项活动的延伸。它让幼儿走出了园门，在广泛接触社会的同时，开阔了视野，增长了见识，获得了体验，了解了不同场所的规则规范，使幼儿的综合能力得到全面发展。我们在课程实施中，也形成了常规的社会体验活动，有走进大自然的活动，如春游、采摘、农事体验、亲子远足等；有走进文化场所的活动，如参观梅兰芳、汽车博物馆、恐龙博物馆，还有一些到敬老院、超市、蛋糕房、护国寺小吃街等体验社会生活，在活动过程中，我们丰富了实践的形式、内容，充分挖掘不同社会

儿园里见到的各个岗位的人，包括保安叔叔、医务室大夫、食堂叔叔，也都加入了游戏，与小朋友们亲密互动，通过这样的活动满足幼儿四处走走、看看、玩玩的需求；巧妙地设计一个简短的"分离"时刻，利用观看木偶表演的时间，让孩子集中坐在前面，家长到孩子后面观看。通过这样的设计安排，帮助家长们了解孩子容易被新奇事物吸引的特点，入园后班级会有很多有趣的活动吸引幼儿，并不会让孩子产生持续的不良情绪。当我们真正从孩子的角度去理解"快乐"时，快乐日的意义也就不同了。

体验日——我能行

重点体验与老师在一起游戏的快乐，初步熟悉、了解班级环境和一些基本的生活常规。除了好玩的游戏，帮助孩子们解决真正的问题，才是让孩子喜欢来幼儿园的又一个重点。如在认识小标记活动中，孩子们遇到的问题不是"我的标记是什么"，而是面对幼儿园这种成排成列、长得都一样的水杯、毛巾小格子，找不到标记在哪里。认识到这点，老师在组织盥洗活动时，给予幼儿和家长更充裕的时间、空间开展"找一找"的游戏，鼓励家长引导幼儿想一想"你的小标记在哪里？你怎么找到它？有什么好办法？"等。通过这样的对话，孩子们自己的"小办法"诞生了：如我的标记挨着小熊猫，我踩在这个有花的小方砖上，就能找到……活动也使家长认识到，成人要做的不是帮助孩子规避问题和困难，而是相信并支持孩子去寻找解决问题的办法，感受"我能行"。

独立日——我的地盘我做主

重点帮助幼儿在独立来幼儿园生活的第一天中获得愉快的情感体验。孩子们此时需要的不是常规要求，他需要像家里一样的自由，需要老师"听他的话"，需要被看见和倾听。我们就尝试打开教室的门，把室内玩具拿到院子里，允许孩子们自由地出入班级，在院子里四处走走、看看、动动、摸摸、坐坐、躺躺……开学季不再是"大门紧闭，哭声一片、汗流浃背"的场面，整个小院被自由和温暖的气氛笼罩着。

（6）支持接纳、陶冶润泽的教育环境

我们十分关注环境与幼儿之间的相互作用，着重发挥自主自然、陶冶润泽的环境作用，挖掘环境中的教育资源。其中既包括对物质环境的打造，渗透园所文化理念、课程目标，又包括尊重接纳、轻松愉悦的精神环境。此外，良好行为和品质的养成，也离不开支持接纳的心理环境。营造接纳、肯定、支持、鼓励的环境对幼儿、教师的成长极为重要。在课程实施过程中，老师们秉持爱每个孩子、接纳每个孩子的原则，平等对话、尊重差异、包容个性、呵护心灵，让他们时时刻刻在爱的环境中得到熏陶，自然萌发出爱的关爱、感恩、友善等美好情感。

棉幼就是我的家

对于小班孩子来说，我们尤为注重营造"家"的氛围，让孩子们身处这里能够感受到家的安全、温暖。

第一，班级是孩子们生活的小家。

在孩子们的眼中，"家"是什么样子的呢？他们说：家是可以到处溜达的地方；家是一个可以躺着玩的地方；家是一个可以爬来爬去的地方；家是到处都有玩具的地方；家是一个想唱就唱、想跳就跳的地方……于是我们开始努力将班级环境变成孩子们喜欢的"家"。房间里有推拉车、娃娃车，孩子们可以推着车走来走去；房间里有铺着被褥的小床，还有好几个铺着干净地垫的游戏区，孩子们可以自由地躺在床上和游戏区里；房间的地板是干干净净的，还有厚厚的垫子，孩子们可以爬来爬去玩垫上游戏；房间里放着很多触手可及的玩具，孩子们随手就可以拿到自己喜欢的；房间里有录音机、一体机，孩子们可以随时要求播放自己喜欢的歌曲……这里并不是幼儿园的教室，而是孩子们的一个新家。

第二，幼儿园，是丰富多彩的"大家庭"。

熟悉一个新的环境，成人尚需要一些时间，孩子们就需要更多的时间。所以我们在每年新来园的小朋友入园期间，都会精心设计亲子入园周活动，让家长陪伴小朋友一起来熟悉这个新"家"。在这短短的一周里，孩子们来新"家"的时间从短到长，从一个半小时到一整天，逐渐过渡。班级老师每天都会安排一个"看看新家"的小环节，引导家长带着孩子参观活动室、睡眠室、盥洗室，在这些屋子里做一些有趣又不同的事情。然后再参观操场，玩玩大滑梯，骑骑小摇马，坐坐小汽车，爬爬小山洞……最后还要参观一下传达室、保健室、资料室，让孩子们感受到幼儿园有很多有趣的地方，这里的玩具比家里多一点，房间比家里多一点，"家人"也多一点。

第三，棉幼，有一群可爱的家人。

说起上幼儿园，孩子们总要和老师在一起。为了让孩子们尽快地接纳老师这个新家长，我们也花费了不少心思。通过前期调查、对幼儿活动的观察以及年龄特点的分析，我们在入园适应周设计了一个活动，孩子们可以根据自己对老师的观察，给老师起好听的名字，衍生出"我给老师起名字"的活动。

例如，孩子们喜欢看动画片《哆啦A梦》，他们非常喜欢里面小叮当的角色。在一次游戏活动中，老师扮演了"小叮当"的角色，从大口袋里变出许多有趣的东西，受到了孩子们的喜爱。于是孩子们和家长一致同意，就给这位老师起名叫"叮当老师"。又如，一位老师拿来橘子分给小朋友，而这位老师的名字中恰巧有个"桔"字，于是小朋友和家长一起给老师起名叫"橘子老师"。这并不是对老师的不尊重，恰恰相反，小朋友们一下子就记住了这个名字，还非常喜欢，第二天就有很多小朋友一进教室先找"橘子老师"。甚至有的孩子升班了，还回到小班找"橘子老师"，说想"橘子老师"了。

最有意思的就是给门卫叔叔起名字。班级老师带着家长和小朋友一起来到传达室，给小朋友讲，门卫叔叔是保护小朋友安全的，很勇敢。这时门卫叔叔站直敬了一个礼，说："小朋友们好。"孩子们也在老师和家长的引导下问候："叔叔好！"一名小朋友看到叔叔戴着头盔，拿着盾牌，也学着叔叔的样子敬了个礼说："像黑猫警长一样！"于是门卫叔叔就成了"黑猫警长叔叔"。就这样，幼儿园里的老师、大夫、门卫叔叔都有了孩子们喜欢、熟悉的名字，我们成了"相亲相爱的一家人"。

（五）课程评价

课程评价是检验课程适宜性的重要手段。根据《纲要》精神，遵循真实性评价、过程性评价、系统性评价的理念和原则，育爱课程的评价体系主要包括三个部分，即幼儿发展评价、课程质量评价和环境评价。通过课程评价检验或完善园本课程，满足课程优化、教育质量提升和教师专业发展的需要。

1. 幼儿发展评价

幼儿发展评价是课程评价的核心，是衡量课程质量的关键。我们将过程性评价与结果性评价相结合，将幼儿发展评价分成以下内容。

（1）成长档案

成长档案用于记录儿童在学习过程中的过程性表现，是儿童学习的"证据链"。为了全面记录和展现儿童学习过程，也便于教师的操作，我们将纸质的档案袋与电子档案相结合，前者以"成长册"的形式，对照课程目标系统记录和评价儿童学习经验，后者则以视频、照片的形式保存儿童所参与的活动、在育爱课程中丰富的经历。

档案袋主要包括以下部分：

• 第一部分：背景信息

这一部分展现每个幼儿的背景信息，主要包括：幼儿的兴趣、爱好、养育者、主要经历、过敏史以及家访记录等。这部分信息很多时候是由家庭提供，既有固定的内容，又有需要根据幼儿生活轨迹增减调整的内容。比如，这部分信息中有一个"成长大事记"，家长或教师可以随时将幼儿生活中的新体验、重要经历等纳入其中，如新学习的技能、新的出游体验、身体发生的变化等。这些事件很可能成为幼儿成长过程中十分独特的事。对于老师来说，这些源于孩子生活的、真实的事件，都能成为新的课程资源。

- **第二部分：教育活动与幼儿成长**

此部分主要呈现每个月教师教育教学工作的重点，以及幼儿在相应发展目标上的期待和具体表现。教师在制定月发展目标时，参考阶段性评估工具——幼儿发展检核表，参考其中的关键经验制定月目标，然后在每个条目下写出该幼儿发展的目标。

我们鼓励教师运用多种形式记录、呈现幼儿的发展情况，比如配有文字解读的照片、观察记录、学习故事、轶事记录单等。老师们很有创造力，为了增强收集信息的全面性，用不同的颜色标注不同发展领域的资料，比如用绿色的纸记录幼儿在身体发展方面的表现，用蓝色的纸记录幼儿在科学发展方面的情况。一定时间之后，教师能够比较直观地了解到所收集的信息，及时调整观察和评价的目标、重点。

- **第三部分：同伴评价与自我评价**

同伴评价是教师在日常生活中随机捕捉到的同伴之间的关键评价信息，体现幼儿之间的互相关注、评价，以互相欣赏、认同接纳为导向。比如，在区域游戏后的分享环节，幼儿可能会在分享游戏体验的过程中对同伴的表现表达自己的想法等。

幼儿自我评价的来源较多，一方面是教师和家长在日常生活中收集到的信息，比如幼儿在表达自己的游戏体验、观点时，会流露出对自己的认知。另一方面是档案袋中的作品不都是由教师选择，教师可以鼓励幼儿选择自认为满意的作品，用来说明自己的"水平"。儿童在同教师、家长共同计划、制作、阅读档案袋的过程中，可以不断反思自己在活动中的表现，回顾心理发展过程，体现了自我认知智能，对于增强儿童的安全感和自信心有一定的作用。

- **第四部分：家长评价与对话**

这部分内容主要是家长参与课程评价的过程，以轶事记录、照片、对话记录、半日观摩评价表等形式，收集了家长对幼儿、教师状态与水平的基本认知、判断和教育建议。在轶事记录单中，我们鼓励不同家庭成员都参与记录轶事，增加对孩子成长的关注、家庭成员之间的沟通。轶事记录完成后，教师、教科研人员、幼儿的感受都可以进行备注，形成四个主体之间的对话，让档案袋有后续计划与跟进，督促教师重视幼儿的每个表现并谨慎、有效地予以支持，家长也更能理解孩子的发展、教师的教育。

家长评价是十分重要的，它往往能够让我们看到孩子身上不同的发展点，也能够让教师反思自己的教育行为。教师与家长沟通了孩子在幼儿园的表现，并向家长解释学龄前孩子的身心发展特点，引导家长理解孩子的行为，全面地看待孩子的成长，并形成合理的期待。同时反观自身在家长教育理念方面的工作成效，关注课程中家园关系、家庭教育方面的建设。

- **第五部分：阶段性评估与计划**

阶段性评估是在课程实施一段时间以后，以发展检核表为主要形式，以熟悉孩子的教师和教研员为主体，对幼儿在健康、语言、社会、科学、艺术等方面的经验、能力和学习品质进行全面的评估，形成幼儿阶段性发展的全景图。此外，依据所有资料形成全面评估报告，让日常评价资料、阶段性评价资料、过程性评价资料与结果性评价资料得以整合。

成长档案袋制作出来，并不是为了束之高阁，或作为收集资料的"袋子"，相反我们鼓励教师在日常生活中充分挖掘档案袋在课程中的作用。比如，定期在班级中分享幼儿的成长故事、家长寄语等，增加对个体的关注、同伴间的互相了解、互相欣赏，也引导幼儿回顾自己的经历，尝试进行自我评价。并且，要时常对比幼儿在家庭、幼儿园中的表现，当看到表现不一致的、具有教育价值的事件，尤其是关于幼儿情绪情感、品质习惯等事件时，给幼儿进行适宜的引导，看到幼儿园档案和家庭档案之间的联系。在开展家长活动时，组织家长分享在档案袋中的发现，家长一方面可以了解孩子成长的过程，另一方面可以了解教师的工作、教师对每个幼儿的关注，感受育爱课程的教育功能与人文关怀。

（2）发展检核表

我们以《指南》《作品取样系统——3～6岁儿童发展指引》为主要依据，对照育爱课程的目标、理念，将发展等级评定和检核表相结合，进行目标定向的结果性评价。通过开展这种阶段性的评价，并结合成长档案，课程设计者与实施者能够较为全面地把握儿童发展的现状和水平，有效地调整课程设计。

（3）个性化记录

儿童之间有着显著的个体差异，每个孩子都是一个"独特的我"。我们以案例的形式，与家庭共同记录儿童独特经历的关键经验，以一种积极的视角呈现一个完整的孩子。

2. 课程质量评价

课程质量评价是对课程实施过程中各个要素的适宜性进行的评价，这部分的评价内容是在幼儿发展评价的基础上进行调整、完善课程的重要依据。育爱课程的课程质量评价主要借鉴高宽课程的 PQA 项目评价工具，结合课程实施的实际做了相应的调整，主要包括课程内容适宜性评价、课程实施途径与方式评价和师幼互动质量评价。这部分的评价以实施课程的教师自评为主，辅以教科员人员的现场评估，增强教师的课程意识和自我反思能力。

3. 环境评价

环境评价是指对学习环境的评价，旨在评价儿童所处的物理环境和精神环境与课程目标与理念的契合程度。首先，在整体上表现出对美与和谐的关注，以及对学校文化的基本因素——社会互动的关注，因而环境的布置遵循了促进参与、增进交往的原则。其次，强调环境要能反映出儿童所付出的努力和取得的成果，因此幼儿园随处可见儿童个人、小组或集体完成的工作成果，这也是教师和儿童共同建构的校园文化。最后，环境中所有的材料投放和布置都以吸引儿童和激发儿童的创造性和探究欲望为目的，鼓励儿童对周围环境作出敏锐而积极的反应，同时为儿童创造出一个人与人、人与物之间交流互动的环境。

实践探索篇

"爱像棉花糖一样柔软，还很甜。"

"爱像许多好朋友和我在一起时的感受。"

"爱像一个大蛋糕，甜甜美美的。"

"我觉得爱就是关心别人多一点。"

"小朋友互相帮忙，小朋友哭了我会去安慰他。"

"妈妈，您上了一天班累了吧，我给您捶捶背。"

"别伤心，我来抱抱你。"

"老师，您哪里不舒服，我帮您拿水喝。"

......

——棉花胡同幼儿园小朋友心中的爱

第一章 己我关系之探

"认识你自己（Know thyself）！"——镌刻于古希腊神庙门楣上的警世箴言，道出了每个人生命中最重要的主题。人类所有关系中最复杂的一种关系，即己我关系。

（一）己我关系概述

3～6 岁是幼儿认识自我的重要时期。在这一时期，幼儿通过与他人的交往和活动形成对自我的认识，完善对自我的管理，丰富对自我的体验。从心理学的角度来看，儿童社会化的目标是形成完整的自我，使儿童在将来的社会生活中能正常地发挥应有的作用。完整的自我，是个体正确认识自己、评价自己和把握自己的心理基础（章志光，1996）。

对于幼儿来说，形成积极的己我关系对其发展具有重大的意义：（1）能促使幼儿心理健康。我国学者兰燕灵等人的研究发现，培养积极的自我概念有助于对儿童的行为问题进行预防和干预。（2）能帮助幼儿增加成功的动机和机会。有研究表明，幼儿对其能力所持的过于乐观的看法，可能是有益的，并且有助于幼儿适应他们的环境。（3）有助于发展良好的人际关系。有研究表明，积极的自我关系与受欢迎情况有显著相关（周静瑶，2021）。

1. 己我关系维度的课程目标——愉悦自信

己我关系是幼儿成长和发展中需要不断学习和协调的关系之一。在己我关系下，我们致力于从自我认识、自我管理、自我体验三方面培养幼儿愉悦自信。

"愉悦自信"的内涵指幼儿能够注重自己的感受，感知自己的成长，有积极稳定的情绪情感和广泛的兴趣爱好，能够有较好的自我认同。首先，在自我认识方面，重点从身体心理动作、性别认同、情绪理解和识别、自我评价能力等方面进行，让幼儿认识自我、感知自我、认同自我。其次，在自我管理方面，重点从自理能力、情绪调节能力、自我控制等方面进行，让幼儿学会自我调节与控制，有积极稳定的情绪情感。最后，在自我体验方面，重点从自尊、自信、自主等方面进行，让幼儿注重自己的感受，感知自己的成长，有良好的自我体验。

从"愉悦自信"课程目标在不同年龄阶段的具体表现上看，《指南》中指出 3～4 岁幼儿"情绪比较稳定，能在成人的安抚下逐渐平静下来。""为自己的好行为或活动成果感到高兴。""喜欢承担一些小任务。"4～5 岁幼儿"经常保持愉快的情绪，愿意把自己的情绪告诉亲近的人，一起分享快乐或求得安慰。""知道自己的一些优点和长处，并对此感到满意。""敢于尝试有一定难度的活动和任务。"5～6 岁幼儿"表达情绪的方式比较适度，能随着活动的需要转换情绪和注意。""在活动中出主意、想办法""与别人的看法不同时，敢于坚持自己的意见并说出理由。"

从"愉悦自信"课程目标的实践路径上看，根据《纲要》和《指南》的要求与建议，要想幼儿有积极、稳定的情绪情感，需要建立良好的师生、同伴关系，让幼儿在集体生活中感到温暖，心情愉快，形成安全感、信赖感。教师要以积极、愉快的情绪影响幼儿，帮助幼儿学会恰当表达和调控情绪。如幼儿发脾气时不硬性压制，等其平静后告诉他什么行为是可以接受的。发现幼儿不高兴时，主动询问情况，帮助他们化解消极情绪。除了拥有积极稳定的情绪情感，要想幼儿对自己产生自我认同感，教师要为每个幼儿提供表现自己长处和获得成功的机会，关注幼儿的感受，鼓励幼儿自主决定，独立做事，鼓励幼儿尝试有一定难度的任务，并注意调整难度，让他感受经过努力获得的成就感，增强自信心和自我认同感。

2. 己我关系维度的三方面课程内容

幼儿感受周围的关注与爱，对自己的心理、情绪情感有着良好的认知、认同，具备情绪管理的方法和能力，是获得自信和愉悦，表达和传递爱的重要条件。因此，我们以"情感之润""情绪之导"和"自我之探"作为课程内容，重点从"环境浸润""情绪管理"和"自我认知与自我认同"三个方面进行深入，在孩子内心播下爱的种子。

内容一：情感之润

以爱育爱的教育从孩子们蒙受爱、得到爱的滋润与滋养开始。孩子在来自幼儿园教师、伙伴等他人的关爱中体悟爱的滋味，在家人的共情陪伴中增进亲子关系，滋养爱的心灵。情感之润，重在突出一个"润"字。在育爱课程内容中，"情感之润"的"润"同样有滋养、熏陶之意，润是一个无声的过程。

如何对幼儿进行情感之"润"呢？对于小班幼儿来说，"润"主要侧重于陪伴，用温暖与关爱让幼儿爱上幼儿园，如通过入园三部曲，让幼儿在家人爱的陪伴下逐渐适应幼儿园生活。对于中大班幼儿来说，"润"主要侧重于支持、回应性的师幼、亲子关系建立。

根据《纲要》和《指南》的要求与建议，幼儿园和家庭要为幼儿创设温馨的人际环境，让幼儿充分感受到亲情和关爱，从而形成积极稳定的情绪情感。从幼儿园的角度来说，以"爱语绵言"为主要载体，让儿童在这里通过听、看、做，亲身感受到同伴之爱、教师之爱、集体之爱。从家庭的角度来说，主要以家长学校为载体，增进亲子交往、情感滋养和共情陪伴，让家长在参与中感受到，亲人的陪伴是孩子最好的滋养。

内容二：情绪之导

《说文解字》中释"导，引也。"意为指引、启发。"导"的前提是共情，即站在儿童的视角，在对幼儿情绪理解、接纳的基础上，再去抚慰，引导幼儿调节情绪。特别要指出的是，育爱课程中所涉及的课程内容也不是孤立存在的，都是相互交织、相互融合的。因此，在关注幼儿情绪的引导上，教师不只是要"导"，还包括前面所提及的"润"，即以"导"为主，以"润"为辅。

如何对幼儿进行情绪之"导"呢？首先，要让幼儿对情绪有基本的感知，包括认识简单的情绪和复杂的情绪，进而逐步引导幼儿对不同的情绪进行理解与体验，并学习正确表达情绪、调节情绪的方法。小班幼儿情绪作用大是此年龄阶段的突出特点，到了中班，在不高兴时要能较快缓解，而大班的幼儿还要知道引起自己某种情绪的原因，并努力缓解。在情绪表达方面，当幼儿出现比较强烈的情绪反应时，《指南》要求3～4岁的幼儿要能在成人的安抚下逐渐平静下来，4～5岁的幼儿要能在成人的提醒下逐渐平静下来，5～6岁的幼儿表达情绪的方式要适度，不乱发脾气。

从不同年龄阶段的目标要求来看，情绪之导的重点有着不同的指向，从"安抚"到"提醒"，再到"导"，让幼儿学会恰当表达和调控情绪。在这个过程中，教师可以通过绘本引导幼儿感受和理解基本情绪，在一日生活中鼓励幼儿大胆表达自己的情绪，给予幼儿与同伴互相交流和倾诉的时间和空间。通过个别指导帮助幼儿梳理情绪产生的原因，让幼儿正确面对情绪状态下的行为结果，帮助幼儿积极调控情绪，保持愉快、平稳的情绪状态。

内容三：自我之探

自我又称自我意识或自我概念，是个体对其存在状态的认知，包括对自己的生理状态、心理状态、人际关系及社会角色的认知。学前期是儿童自我概念发展的重要时期，积极自我概念的养成在儿童社会化目标中具有特殊地位。"自我之探"中"探"的内容包含了自我认识层面的身体探索、自我感觉、自我评价、自我感受、自我控制等，对自我进行由外而内的不同层面的"探究"。

根据学龄前幼儿的特点，教师在支持幼儿进行自我探索时，首先要尊重幼儿的认知发展水平，接纳幼儿。教师要根据幼儿自我概念、人格发展的特点，更多地引导幼儿全面地了解和认识自己。教师要发现幼儿的闪光点，解锁唤醒孩子生命内力的密码。因此，教师要利用多种途径和契机使幼儿充分感知"自我"的独特性、多样性、发展性，守护孩子的自信心与自尊心，最大程度解放孩子的天性，支持他们的每一份热爱，并提供成长的机会和平台。

（二）情感之润

送玩偶上幼儿园

🌀 故事背景

　　每年9月新学期开学，幼儿园都难免会上演许多撕心裂肺的分离场景：孩子们紧紧搂着、搂着、抱着爸爸妈妈，哭闹着不愿意上幼儿园；家长们大汗淋漓，艰难地将孩子送到班级里；老师们手忙脚乱地抱着、牵着、拽着哇哇大哭的孩子们。分离焦虑一直以来都困扰着老师和家长们，尽管幼儿园和家长都会为缓解小班幼儿初入园的分离焦虑做出许多努力，比如提前开线上家长会、一对一线上家访、开设入园适应课程、举办家长讲座等，但是小班幼儿初入园的分离焦虑问题仍然困扰着老师和家长们，让大家头疼不已。

　　在了解到本班的大多数孩子都可能有比较严重的分离焦虑情绪之后，有什么好方法能立刻改变这样的情况呢？老师们在经过商讨之后，决定开展送玩偶上幼儿园的小活动，转移孩子们注意力，让孩子们更好地适应幼儿园。

故事一：我陪玩偶上幼儿园

　　开学以后，许多家长面对孩子第一次上幼儿园的分离焦虑也会感到迷茫和无措。我们深知家长的这种焦虑情绪也会影响到孩子，于是在开学后的第三天，我们又和家长一起开了一次云端相遇的家长沙龙，让家长畅谈了自己的担忧和焦虑。为了让家长放心，老师们再次向家长详细讲述了幼儿在园的一日生活安排，并推荐了好多适合小班初入园家园共读的绘本，以此帮助家长和孩子更好地适应幼儿园生活。同时，趁着此次家长沙龙，我们也告知家长班里会开展一个"我陪玩偶上幼儿园"的小活动，等第二天来园的时候，可以让幼儿带一个自己熟悉的玩偶，让幼儿陪玩偶上幼儿园。

　　周一早上，小乔妹妹带着自己的小兔子玩偶第一个来到了幼儿园。准备和爸爸分开的时候，小乔妹妹抱着爸爸的脖子哭闹着不愿意下地，于是我立刻走过去跟她说："小乔妹妹的小兔子今天来上幼儿园了呀，老师给小兔子准备了好多好玩的玩具和游戏，小乔妹妹愿不愿意陪小兔子一起进来看一看呢？"在我和爸爸共同的"引诱"下，小乔妹妹竟然哭着点了点头，依依不舍地和爸爸说了再见，拉着我的手走进了班里。接下来果果带着小天鹅，惠惠带着小熊猫，八喜带着小小黑，七宝带着小狗狗……孩子们都带着自己的小玩偶陆陆续续地来到了幼儿园，虽然分离的时候还会哭闹，但是大部分孩子答应愿意陪伴自己的玩偶一起进到班级里。

　　我们将一日生活各个环节变成了"我陪玩偶做事情"，告知幼儿，要陪着小玩偶在幼儿园做完吃饭喝水、玩游戏、午睡、户外活动等事情就能回家了。刚开始，小朋友们只是抱着自己的小玩偶哭，听不进去老师的话。到了区域游戏时间，巴老师戴着小兔子的头饰出来了，用有趣的声音说道："小朋友们，大家好。"看到可爱的巴老师，小朋友们的哭声慢慢降低了。巴老师接着说道："我看见有好多我的动物朋友来到了小三班，有小熊猫、小狗狗、小花猫，还有小天鹅，我可喜欢它们了，我有好多的玩具，想跟我的动物朋友们一起玩，我给你们介绍一下我的玩具吧。"小兔子巴老师向大家介绍了班级各个区域的玩具，接着邀请小朋友们带着自己的小玩偶进入区域一起玩玩具。这一招果然有用，很多小朋友开始不哭了，慢慢安静下来抱着小玩偶一起玩游戏了。之后，老师又用同样的方式邀请幼儿带着自己的玩偶去参观教室、幼儿园，回班陪玩偶洗手上厕所，陪玩偶吃饭、玩玩具，午睡的时候让幼儿哄自己的玩偶睡觉。虽然孩子们偶尔还会哭闹，但是相对于之前整日哭闹不止，陪玩偶做事情的小朋友们有了很大的进步，大部分幼儿能够听得进去老师的话，愿意跟随老师一起游戏和活动了。

陪玩偶来上幼儿园给了幼儿很大的来园动力，幼儿每天陪伴自己的小玩偶来上幼儿园，在幼儿园陪小玩偶参加活动、玩玩具，和小玩偶形影不离，大部分小朋友在陪玩偶上幼儿园的过程中慢慢熟悉幼儿园的一日生活了。早上来到幼儿园，妮妮在和爸爸妈妈分开的时候还会安慰小玩偶说道："上幼儿园不哭，爸爸妈妈晚上就会来接我们回家了哦。"果果的爸爸也告诉老师，果果在想爸爸妈妈的时候会对自己的小玩偶说："等下午吃完晚饭爸爸妈妈就会来接我们回家了。"

为了进一步增加小朋友对班级的归属感，我们和小朋友一起布置了娃娃家的照片墙，带领小朋友将自己的全家福贴在娃娃家的照片墙上，想爸爸妈妈的时候，可以自己来到照片墙看一看爸爸妈妈。我们和小朋友共读了《你好，幼儿园》《我爱幼儿园》等图书，让幼儿知道上幼儿园是一件非常有趣的事情。区域游戏的时候，带领幼儿一起制作给爸爸妈妈的小礼物，让幼儿放学回家后送给爸爸妈妈。

我的反思

突然来到陌生的环境，独自面对陌生的老师和小朋友，幼儿难免因为安全感的严重失衡与熟悉感的突然缺失产生分离焦虑。因而，幼儿分离焦虑的化解，也应该放在满足并且建立新的需要平衡上。让幼儿送自己最喜欢的玩偶去上幼儿园，实质上是一个转换的替代性游戏。让幼儿带一个自己熟悉的依恋物，会帮助幼儿在陌生的环境中找到安全感，同时，让幼儿作为"小家长"陪伴、照顾自己喜欢的小玩偶，和小玩偶一起玩游戏，也会让幼儿积极参加活动，尽快熟悉幼儿园以及在园一日生活流程，降低幼儿对幼儿园生活的恐惧与焦虑。

故事二：宝贝的家

为了鼓励小朋友自己参与活动，我们还和小朋友一起制作了"宝贝的家"。为了让幼儿认可"宝贝的家"，我们一起讨论了宝贝的家该怎样制作。八喜说宝贝的家要软软的，很舒服才行；惠惠说她想让小熊猫睡在绿色的房子里……最后，老师用纸箱做了小熊的耳朵和胖嘟嘟的身体，还给纸箱穿上了绿色的壁纸衣服，为小玩偶们做了一个宽敞明亮的家。"宝贝的家"作为安放玩偶的地方，幼儿情绪稳定的时候可以把玩偶放在"宝贝的家"里。慢慢地，越来越多的幼儿可以在入园时乖乖地带着小玩偶进入班级，不会撕心裂肺地哭闹和纠缠家长了。越来越多的小朋友白天在园时可以不需要小玩偶，愿意把小玩偶放在"宝贝的家"里，自己独立参加活动了。

🌴 我的反思

幼儿每天与自己最亲密的玩偶一起在幼儿园生活、游戏，在陪伴玩偶上幼儿园的过程中对幼儿园、教师也从陌生到熟悉。我们为幼儿提供了"宝贝的家"让幼儿安放自己的玩偶，让幼儿知道自己亲密的玩偶在自己熟悉的位置，逐渐帮助幼儿独立在幼儿园生活。愿意把玩偶放到"宝贝的家"，意味着幼儿对幼儿园这个新环境、班级教师的完全接纳，意味着幼儿能接受与亲密照顾人较长时间分离的现实。

故事三：爱的抱抱

为了让幼儿感受到老师和小朋友们的温暖和爱，迅速和老师、小朋友们建立起更亲密的关系，我们又策划开展了"爱的抱抱"活动。在集体活动和区域活动时，老师和小朋友们一起阅读了《道格拉斯要抱抱》《爱的抱抱》等绘本，知道了爱是温暖而具有力量的，抱抱是自己表达爱的一种方式。为了让小朋友感受到抱抱的力量，我们发起了来离园抱抱的小活动，告诉孩子们老师每天都会在班级门口等待小朋友入园，送给小朋友一个"爱的抱抱"，也鼓励小朋友每天来离园主动拥抱老师，和老师问好。活动进行了一个星期，小朋友们都被老师每天来离园热情的拥抱所感染，好多小朋友早上来园、晚上离园时也开始主动拥抱老师、和老师打招呼了。慢慢地，孩子们和老师建立了更加亲密的关系，对老师产生了依恋和依赖，分离焦虑也逐渐消失了，开始期待上幼儿园。慢慢地，小朋友们也会在其他小朋友哭的时候主动抱抱他安慰他，拥抱和"我爱你"变成了班里最常出现的动作和语言。

🌴 我的反思

老师们每日主动热情地来离园抱抱清除了与幼儿之间的陌生感和隔阂。孩子们也逐渐知道，拥抱是有力量的，可以让人感受到温暖和爱。孩子们渐渐通过这个亲密动作拉近了与老师和小朋友们的距离。爱是可以感化人心的，每一个幼儿都是具有相同年龄特点和个体差异的独立个体，我们用心尊重和爱每一个独立的幼儿，让幼儿感受到老师的爱和用心，从而感化幼儿，让幼儿愿意和老师建立亲密关系。而爱也是可以流动的，幼儿在熟悉和适应了幼儿园生活以后，愿意向老师和小朋友表达自己的关心和爱，主动帮助和安慰其他难过的小朋友。让爱传递，这也是我们以爱育爱的教育。

（王艺卓）

爱的弹力空间
——唤醒心灵复原力的教育故事

🌀 故事背景

如果你拿着一只皮球，用力挤压它、扭动它，对它施加各种力量，它的形状就会随着你的用力而改变，但最终还是会弹回原样。而我们的孩子却不一样，他们生来就像一张白纸，带着无限的希望与可能，他们懵懂稚嫩的心灵更是如同水晶般纯洁，需要格外小心呵护。如果稍有不慎落在地上，就会摔得粉碎，蒙上许多尘土的灰色……

故事一："大胃王"吃不下了

轩轩是一个十分内向又有些腼腆的男孩子，打招呼时总是很小声，你多问他些什么呢，他也就只是抿着嘴笑一笑，很少有同龄男孩子的活泼，这是刚接班时他给我留下的第一印象。在一日生活中，他总是跟随在别人身后，游戏的时候也能和其他小朋友友好相处，从没发生过矛盾。然而，一天的午饭时间却让我开启了对轩轩的新认知。刚开学时，轩轩吃饭总是又快又干净，他总是那个举手要回碗的孩子，像个"大胃王"一样。可这一天，当班里面过半的小朋友都吃掉半碗米饭时，轩轩碗里的米饭还没有减少的痕迹。我轻声提醒小朋友们盘子和碗换位置时，轩轩斜着眼睛看向我。又过了一会儿，当我提示孩子们可以盛汤了，离我几米远的轩轩抱着碗开始抽泣。我疑惑地走过去问他怎么了，他不说话继续抽泣。我问他有没有哪里不舒服，他不理我，哭得更厉害了。为了不影响其他孩子，也为了给他一个空间，我把他叫到了一边，问他为什么哭，他不说话。我说："是因为吃不完了，怕被老师说吗？"他点了点头，我拉起他的手说："没关系，老师提醒大家是怕菜饭变凉小朋友们吃得不舒服，并没有责怪你。不过你平时吃饭都是很快的，今天剩这么多，能告诉我原因吗？"他不说话。"是不爱吃彩椒吗？"他点了点头。"原来是遇到了困难。下次如果你遇到困难，请主动和老师说，老师可以和你一起解决问题战胜困难。你可能在家吃彩椒吃得少，其实它特别有营养，多吃彩椒能增强你的力气，让你在户外和小朋友一起玩得更开心。如果你愿意挑战一下，下午户外前，老师请你整队好不好？"就这样轩轩达成了和我的约定，顺利吃完了午饭。下午一起床，轩轩整个人都精神饱满，快速吃完了水果，等待着整理队伍。整队时他声音洪亮，甚至有点喊破了音。现在回想起来，都感觉从来没有听到过他用那么大的声音去说话。

我的反思

轩轩会在急躁时感到焦虑，他似乎比别人更加敏感。之后我发现轩轩在游戏时也总是跟随别人，如果一起玩的小伙伴没来，他会觉得自己一个人不行，比较缺乏自信心。起初我想他可能天生是抑郁型的性格特质，因此常会用"整队"这样的办法去增强他的自信，转移他的注意力，用鼓励的方式去激励他，用陪伴的方式去温暖他。而当我和轩轩家庭有了更深入的接触时，我对轩轩的焦虑感才有了更深的理解。

故事二：有了陪伴的"小尾巴"

一次，幼儿园组织家长带领幼儿接种疫苗，轩轩来晚了。当轩轩和妈妈奶奶赶到时，还没等老师向家长介绍接种流程，轩轩的奶奶就当着老师孩子的面对妈妈展开了严厉的批评，我也从中听出了来晚的原因，而这时轩轩嘟着嘴。于是我打断了奶奶说："轩轩家长，我们先扫一下健康码吧，然后我和你们说一下接种的流程……"通过这次特殊情况，让我对轩轩的焦虑感有了更多理解，我想我要更多维度地了解、分析才能真正帮助轩轩恢复快乐。

还记得学期初，每次午睡轩轩都会尿床，醒来后也不敢和老师说，只是哭。离园时奶奶来接，家园沟通时会面露不悦地说："怎么又尿床了。"之后带孩子去做了身体检查，没有任何问题。此后，睡前我都会提醒轩轩如厕，但要不然是继续尿床，要不然是紧张得一中午不睡。当我发现他可能因为这件事变得过于紧张时，我说："没关系的轩轩，老师中途会叫醒你多去一次。如果尿床了，起来时主动和老师说就可以了。"大班孩子是很少出现这样的情况的，但我想他的精神紧张也许对生理也造成了一定影响。不仅仅是吃饭睡觉，轩轩在选区不会写名字时会哭，在画画时迟迟不敢动笔，老师鼓励随便画时也会哭……我看到了他在进入新环境时的无所适从，在遇到新困难时的焦虑不安，在面对错误时的崩溃。我想，要从家园共育的维度去思考孩子行为表现的原因，于是我查找了相关资料，也同轩轩的中班老师了解了更多他的家庭情况，我才渐渐意识到，轩轩不仅仅是我看到的轩轩，更是一个内心有点脆弱、有一丝灰蒙蒙色彩的轩轩。他不仅需要我的支持，更需要我的温暖觉察与积极帮助，帮助他逐渐敞开心扉，唤醒心灵的复原力。

🌴 我的反思

通过观察，我了解到轩轩严重的焦虑感受一定的家庭环境影响。我想他需要更多积极的引导，建立安全的依恋关系，于是我让他当起了我的"小尾巴"，让他感受到我的关注，帮助他建立安全感。我告诉他世界很大，但是不用怕，因为我和他的心是连在一起的，他可以更有信心地去尝试新的挑战，因为我在背后看着他、支持他。每当他遇到困难、出现焦虑的"条件反射"时，我都会拍拍他的背说没关系，就像小婴儿哭泣时轻轻摇晃他们一样，有节奏地拍拍他的背会帮助他找到自己的节律，让他先平静下来，再和他一起分析原因、解决问题，引导他不要过度关注结果，慢慢发现事情的多种选择和可能。

同时我也发现，对环境高度敏感的轩轩有着超强的观察力、分析和评估信息的能力，善良富有同情心，共情能力也比较强。从轩轩的性格特质出发，我鼓励轩轩做班里的小小调节员，帮助班里的孩子解决交往问题。他总是能站在不同角度去理解他人的想法，我也鼓励他说出自己的想法。他在帮助别人解决问题的同时也提升了自信，交到了许多新朋友。班里的自然角养了几盆新植物，我也鼓励轩轩去主动照料。每次为植物浇水的时候，轩轩体验到生命最简单纯粹的美好，在照顾更弱小的生命时，感受爱的传递，也体验到把握自己生活的掌控感。在游戏时，我会鼓励轩轩尝试换区，挑战新的玩具，和新的伙伴一起合作游戏，为轩轩创造主动与人交往的机会。

故事三：温情相伴，温暖相传

没有疼痛也就无需谈到复原，轩轩的根源性问题我似乎无法直接解决，但我用自己的方式进行了家园疏导，从共同帮助轩轩增强社交能力入手，建议家长让轩轩在家多听、多学习积极开心、律动感较强的歌曲，或者学习一些小魔术来表演，作为精彩两分钟的展示内容。轩轩的生活中多了更多积极向上的内容，就增强了他的人际吸引力，提升了自信心和表达欲。轩轩不只是别人的小影子，也能经常表达自己的好想法。我也和家长达成了一致，不再用害羞、胆小给孩子贴标签，要多去了解他到底介意什么事情，因为什么感到害怕，担心会出现什么样的场景，对孩子的期待要调整好心态，乐观积极，往好的方面想，减少责怪，多给孩子一些鼓励和耐心，让轩轩能够更多地感受到家人的耐心和关注，感受到家庭和老师的爱。

这学期刚开学，孩子们在上开学第一课时，对冬奥会开幕式上传递国旗的一幕都发表了自己的看法，轩轩也举起小手说："我感觉到了一股暖流在传动。"一时间，我仿佛真的和他心心相连了，他感受到了视频里的温暖感动，而我被他心底里洋溢的温暖所感动。

🌴 **我的反思**

"孩子不是生来就具有复原力的，他们只是生来就有可塑性。"因此，我们会发现孩子的复原力差：很难适应新环境、容易受到伤害、敏感脆弱害怕失败。复原力差的孩子多与家庭教育相关，如果家长经常以尖刻的语言去评价幼儿，会让幼儿感到不安，遇到事情总会想到最坏的方面，非常重视结果和他人对自己的评价，面临挑战时总会退缩，觉得自己不可以，看待世界也总是充满消极色彩……复原力的形成和一系列心理因素有关。如果一个人学会了"用自己的眼睛看世界"，自主、独立、主动尝试获取新的经验，而且能够融入社交生活和人际关系中，并最终拥有一种被心理学家称为"内部控制点"的人格特质，他们就会拥有"复原力"。让孩子学会相信自己，我想这也需要我的努力，引导轩轩看到美好世界，点燃他心中的光亮，让他主动推开美好的大门，复原成勇敢的探索者，拨开尘土，不惧黑暗。

（李文婧）

宝贝儿，谢谢你愿意做妈妈的镜子

为了做好幼小衔接，我和儿子小以设计了每天要打卡完成的小任务，并且约定好了每天都要有这样的规划。

第一天，我们俩兴致勃勃，每完成一个小任务就用笔划掉那一项。小以甚至不满足只用一条细线彰显他的努力，小手很用力地反复涂描。看着计划本上一项项任务被划掉，真的很有成就感。第二天……第三天……

"小以，快关掉电视，你的阅读任务还没完成呢！"

"妈妈，我马上。这一集马上就完了，我马上！"

"你怎么这么没有规则意识，说好了要按时完成计划的，你都看了多久的电视了？妈妈告诉你，做一个有计划、有行动力的人是非常重要的……"

我开始了一个"老母亲"的喋喋不休，即使我知道有些概念他其实是听不懂的，但我坚信，只要我每天不断给他灌输，总是会有效果的。小以在我的催促下，完成了当日打卡。可是，当查看我自己当日的打卡任务时，我发现我并没有完成自己的阅读任务，但为了维持一个母亲的尊严，维持自己在小以心中的光辉形象，更在心里为自己找了无数个不能完成任务的理由之后，我偷偷地用笔划掉了"阅读《红楼梦》"这项任务。正当我担心被发现的时候，小以大声喊我：

"妈妈，能帮我洗个水果吗？"

"马上，儿子，等妈妈忙完了这个工作。"

"妈妈，您能帮我拿一下水彩笔吗？"

"马上，小以，我这一会儿就好了。"

"妈妈，您总是马上、马上，什么时候能马上去帮我做？"

小以不开心了，他这带有总结性的批评的确引起了我的反思。原来，我真的经常在孩子有要求的时候说"马上"，且绝不是今天这一次。似乎，小以要我去做的所有事情都可以拖一拖，而孩子也渐渐地感觉到了，妈妈在很多时候是不会真的"马上"去做的。我突然意识到，我的小以在说"等一等，马上关掉电视；等一等，马上就去看书"这样的话时，像极了我敷衍他的样子，像极了我拖延的样子。

我深深地知道"孩子就是家长的复印件"这个道理，也确实看到了很多不成功的"复印件"，于是警告自己务必小心。可是，很多无意识的语言和做法，还是不可避免。小以就像一面镜子，让我看到了自己隐藏在性格深处的问题，即使平时想要努力掩盖和改变，也没能彻底解决问题。我发现自己就是一个喜欢把事情往后拖的人，是一个执行计划没有原则、经常给自己找理由的人。

我突然明白，要想改变这个"复印件"，绝不是表面上摆摆样子，语言上讲讲道理就能做到的，而是需要深刻地自省，以及自省后努力地再次成长。在30多岁的年纪，跟自己6岁的儿子一起，按照自己想要的那个样子努力生长。

这以后，我在要求孩子阅读的时候，一定会关掉电视，拿走手机，母子俩一起捧起书。在要求孩子跳绳300个的时候，跟孩子一起计时跳绳，突破各自的极限。小以对宇宙和天文现象非常感兴趣，就跟着他一起看纪录片，诸如《太空旅行手册》《宇宙的奇迹》等，并且一起回忆之前去天文馆的各种细节，期待着下一次去天文馆的收获。

🌴 我的反思

唐太宗说："以铜为镜，可以正衣冠。以古为镜，可以知兴替。以人为镜，可以明得失。"此生没有拥有忠臣良将的机会，但有一个纯净如鉴的小以，他不嫌弃照在他心里的妈妈是不完美的，并且能够激励妈妈跟他一起重新成长，我真的要感谢他："宝贝儿，谢谢你愿意做妈妈的镜子。"家长与孩子之间的关系，是互动的关系。教育不是单向的传递，而是在一个润物无声的氛围里，相互影响，相互感染，相互唤醒。在孩子的这面镜子里，我们看到了自己，也激励家长和孩子一起成为更好的自己。

（2020届主园大一班　刘小以妈妈　黄园园）

属于我和曲奇两个人的小秘密

由于我平时工作比较忙，作为财务工作者，经常会有加班的情况。但是，每天回到家之后，哪怕是在曲奇睡前，我都会和曲奇聊天，问问她今天在幼儿园和哪个好朋友做游戏，学习了什么知识，今天过得开心吗，等等。之所以把聊天儿变成我们的日常，是由于在她刚入园时发生的两件小事，让我意识到，孩子的世界并不难理解，孩子日常的情绪也更加需要我们家长关注，及时了解，并给予帮助。

故事一：孩子的情绪，需要聆听

在曲奇刚上幼儿园的时候，每天早上她对于去幼儿园这件事都充满抵触，并且会崩溃大哭。开始我认为，这是所有小朋友初到幼儿园的"必经之路"，适应就好了。就这样，在每天的不断安慰和不忍中，循环往复。又过了一段时间，这种状态依然持续，我意识到，她在去幼儿园这件事情上遇到了"困难"。于是，通过两次尝试，她终于和我说出了心里话。

我问："曲奇，幼儿园的滑梯是不是很好玩？之前你早就想去试试了。"

她说："不太好玩。"

我问："那白天在幼儿园，跟老师小朋友在一起做游戏，是不是很开心呀？"

她说："我一点都不开心。"

通过以上，我大致想到，她在幼儿园可能不经常与小朋友和老师交流，于是我又问："曲奇在幼儿园找到和你一起做游戏的好朋友了吗？"

她沉默了。我想，应该离答案又近了一步。

于是我接着问："曲奇是不是在幼儿园遇到麻烦了？可以告诉妈妈哦，妈妈保证，这是我们两个人的小秘密，而且我能帮助你解决你的小麻烦哦！"

她想了想，终于开口对我说："妈妈，我在那找不到一起做游戏的好朋友，我玩儿的他们不喜欢。"

我说："哦，是这样啊！那明天，你可以带上你的小猫和小猪，如果有小朋友想和你一起玩，你就勇敢地问一下'你想跟我一起玩儿吗？'曲奇明天可以这样试试看哦！"

到第三天早上，我发现她对于上幼儿园没有那么抗拒了，至少不再哭了。晚上回到家，她非常高兴地走到我身边，小声地对我说："妈妈，你猜我今天和谁做游戏了？"我说："不知道呀，妈妈猜不到。"她笑着并有些害羞地跟我说："是湾湾，她喜欢我的小猪，我把我的小猪放在她的肩膀上了。"我问她："那她喜欢和你这样玩儿吗？"她肯定地点点头："嗯，她很喜欢。"过了一会儿，走到门口对我说："妈妈，你真的解决了我的难题，谢谢你。"

经历这件事情之后，在她遇到困难的时候，变得愿意和我分享。

故事二：孩子的行为，需要聆听

有一天下班回到家，坐在餐桌边，曲奇走到我身边用头用力地撞在我的身上，后来用同样的方法，用力地撞餐桌上的每一个人。我对曲奇说："曲奇，用头撞人，你的小脑袋会疼，别人也会疼的。"爸爸说："最近曲奇经常用头撞人，把大家都撞得很疼。"但是曲奇并没有停止自己的行为，并且一直在重复。

过了几天，在几经讲道理和劝说无果的情况下，她用同样的方法撞了爷爷，于是我让她到外面罚站。又跟她说，这样的行为会伤害自己，并且伤害别人，她向我保证以后不会再这样了。

几天之后的晚上，我下班回家已经快十点了，曲奇已经躺在床上准备睡觉。

她问："妈妈，你吃饭了吗？"

我说："还没有吃呢，妈妈不饿，想跟你聊会儿天儿。"

她说："妈妈，你知道吗？那天在幼儿园，××把我惹哭了。"

我说："啊？为什么呀？"

她说："她站在那儿，用头用力地撞我的头，可疼了，所以我很大声地哭了，我还大声喊不可以。"

我说："然后呢，有人来帮助你吗？"

她说："老师安慰我了，批评她那样做不对，老师带我离开那儿了。"

我说："原来是这样啊！曲奇的头被撞到，一定很疼吧？所以我们不能这样用头撞别人对吗？大家都会受伤。"

她说："对。"

我又说："曲奇做得很好，遇到别人有伤害自己的行为，要大声说不可以。如果对方和你道歉，代表她并不是有意的。在幼儿园遇到困难，是可以去找老师帮忙的。"

从那之后，我突然意识到，其实孩子某些突然的行为，就反映了他们日常生活中的感受。当我们以成年人的视角判断行为对错的时候，可能忽略了孩子想传递的内心感受。

把我和曲奇的两个小日常分享给大家，衷心感谢棉幼，感谢老师们日常悉心的教导和耐心的陪伴，让曲奇成为一个活泼阳光、喜欢分享的孩子。希望她和孩子们在棉幼的每一天都健康、快乐。

🌴 **我的反思**

作为家长，一个肩负社会责任与家庭责任的成年人，真正陪伴孩子的时间少之又少。但每天花一点时间，通过和孩子之间聊天的小小话题，我们以另一个视角去感受，可以真正地了解她的所思所想以及生活中遇到的困难。比起帮助解决，心灵上的鼓励、情感上的支持更能让他们鼓起勇气去独自面对并解决问题。最终，让孩子内心拥有被理解的安全感和克服困难的自信心。

（2022届松树街小一班　阎烁锡妈妈）

（三）情绪之导

宅家美羊不生气

🌀 故事背景

新冠肺炎疫情的来袭，打破了原本平静的生活。随着停课通知的到来，孩子们不得不暂别幼儿园的生活，居家隔离。对于幼儿、家长、教师来说，这样的转变带来了不同的考验和挑战。长期居家隔离的生活，让孩子们的心理情绪也发生了一定的变化。

故事一：居家美羊的小叛逆

往常繁忙的"班级互动群"因为居家隔离，消失了以往的"热闹"，群里静悄悄。"听课"的日子里安然无恙，孩子们都在过着自己的居家生活。而一天晚上，手机"嗡嗡"的震动，我接通电话，电话的另一边传来美羊妈妈无奈而担忧的声音："韩老师，这段停课的日子，美羊在家越来越不听话了，每天都喊在家没意思，要么就胡闹发脾气。她这样让我筋疲力尽。"听着美羊妈焦灼的求助，我也有一丝担忧：原本脾气就大的孩子，在家"圈"坏了。

在妈妈的表述中，居家的美羊每天的作息不规律，在家里因为不知道做什么导致做事缺少坚持性。妈妈每天给美羊规划的一日作息，美羊一件都不想做，并且还会和妈妈唱反调。美羊说的最多一句话就是："我想去幼儿园，在家真没有意思。"

🌴 我的反思

随着孩子"宅家"的时间变长，孩子的心理、生理都会产生一定的需求和变化，与日俱增的变化是一个从量变到质变的过程，这种质变就是孩子的情绪暴躁、生活自理能力、与人沟通的能力、情绪管理能力的下降。疫情防控期间，家长的高质量陪伴是首先要做的事情。

故事二：美羊快乐的一天

我和美羊通了电话，了解美羊"小叛逆"背后的症结。为了让美羊的"宅家"生活像在幼儿园一样快乐，我每天与美羊妈进行语音通话。从沟通中我了解到，美羊妈妈没有顺应孩子的内心，缺少沟通，导致原本在家就懒散的美羊又不能合理安排自己的一天，而产生叛逆。

我引导美羊妈妈从自我做起，耐心地对待孩子，稳定情绪。我们一起制定每天的一日作息计划：7点半起床，8点陪孩子吃早饭，然后跟美羊一起劳动，这样既减轻了妈妈的负担，孩子还能有事可做。游戏时间开始了，一起拼搭作品或来一场小比赛，也是一个不错的亲子活动。11点半准时吃饭，荤素搭配，保证孩子的营养。12点半，我们把窗帘拉上，保持安静，一起睡个午觉。2点半就该起床喽，吃点水果和加餐，然后让我们一起运动起来吧！亲子运动既能提高孩子的免疫力，还能消耗多余的能量。5点左右吃晚饭，吃一些好消化的食物。在睡觉前，妈妈可以讲几个睡前故事，平缓孩子兴奋的心情。制定好了计划，就要开始实施了。虽然过程中会遇到困难，但效果很明显，因为早睡，所以能够早起，因为知道了美羊的兴趣，所以能参与到她的游戏中去，而美羊的情绪也逐渐趋于平稳。

我的反思

和孩子沟通，共同制定计划，让孩子做主，去除成人包办的作息表，取而代之的是和孩子共同参与，共享亲子时光。"韩老师，您这招真管用！"美羊这几天的转变，引起了美羊妈对教育的重视。孩子是需要家长的高质量陪伴的，而不是单纯地"看孩子"。

故事三：美羊的治愈小天地——芭比屋

一天，一个很特别的视频发来了，打开视频，一脸灿烂笑容的美羊开心地侃侃而谈，介绍着她的芭比屋："韩老师你看，我有好多娃娃呢，这个娃娃叫mimi，你看她的衣服，是我给她做的呢，还有这件粉风衣，好看吧？还有……"

看到美羊这么喜欢娃娃，我就与美羊视频通话："我们为这些漂亮的娃娃创建一个家吧？""太好啦！"她的眼神中流露出惊喜和新奇，对于娃娃角十分地期待。"那你就与妈妈一起来布置吧？"过了半天，美羊妈给我发来了她们一起布置娃娃角的视频。妈妈说："美羊，你想怎么布置？""我想用那个公主帐篷，可以防雨，我还需要几个垫子放在里面的地上，娃娃们就不会感冒了。"只见美羊把沙发上的靠垫都拿了下来，铺进了公主帐篷里。"我还需要箱子，装公主的衣服！"美羊又把妈妈的化妆箱征用了，提进她的小帐篷。"这是我的帐篷，里面住的都是公主，我们就叫娃娃屋啦！"

经过几天的视频沟通，娃娃屋就这样创建完成了，美羊欣喜地和爸爸妈妈讲述着每一个小公主的故事……这时候，妈妈也参与到公主故事的讲述中，爸爸说自己扮演的是王子，于是一个个关于王子和公主的故事在家中拉开了序幕……

过了几天，美羊妈发来视频：美羊因为好久没有见到小朋友了，开始闷闷不乐，甚至有些想发脾气。但这个时候，自己默默地到了娃娃屋里，自己抚摸着娃娃，慢慢地情绪有了缓和，开始与娃娃们做游戏了。我想，那里应该也是美羊的情绪安抚空间吧，在那里，美羊的情绪得到了一定的满足和安抚，逐渐学会了自我控制与调节情绪。

🌴 我的反思

美羊在自己的小天地里，寻找到了排解焦躁情绪的方法，打开了释放情感的心门，也学会了在看似"孤单无聊"的日子里自得其乐的方式。"芭比小屋"是美羊的专属天地，也是让她和自己内心对话、与家人共情的空间。在这里，美羊的爸爸妈妈也找到了和孩子沟通的最好方式。

故事四：线上共情

面对孩子们经常因生气、愤怒引发矛盾的现象，我们邀请家长和孩子们一同开展了一次线上活动——当我生气的时候……

首先，请家长们讲述令自己生气的故事，讲述自己生气时候的表现；孩子们也讲述自己生气和愤怒的表现和缘由。接着，家长与孩子们共同想出各种缓解愤怒的好方法。随后，教师播放舒缓的音乐，亲子一起尝试缓解愤怒的方法——深呼吸、拥抱……这次活动后，家长们都感受到"不要对自己爱的人发火"，也都明白"生气时说出的话会让别人很伤心"。孩子们觉得和爸爸妈妈一起参加活动很有趣。家长们在深刻反思时应当敞开心门，放下"大人的姿态"和孩子们平等交谈。

🌴 我的反思

在这段时间有点长的"宅家"时期，不光孩子们需要老师的关心，家长们更需要老师的指导与解忧。家长的焦虑情绪直接影响了亲子陪伴的质量。所以，每一次家长给我发微信，我都会反复翻看，并用语音回复，如果是通知类的文字版本，我会细细斟酌自己的话语，并且配上小表情，尽量让通知变得可爱、鲜活，就是为了能让家长们感到亲切，平缓家长紧张焦虑的心情。

（韩孟迪）

我们的冷静太空

🛸 故事背景

大班幼儿会逐渐在集体活动中关注自己的想法，有时会出现短时间的情绪问题无法缓解、调节。其实每位幼儿的情绪世界都是一个小宇宙，会出现愤怒、悲伤、快乐、急躁等情绪。有时孩子们会很容易被一件事情伤透心，从而引发极端情绪，就像我们班的臣臣，就因为一次小事点燃了情绪的导火索。

故事一：臣臣的愤怒小宇宙

户外活动的时候，臣臣选择了自己最喜欢的足球游戏。班级中的男孩子都喜欢足球区，于是大家很自然地像往常一样组成了两队，开展足球对抗赛。随着比赛的持续开展，臣臣所在的蓝队始终没有进球。作为足球指导老师的臣臣爸爸走到旁边观赛，臣臣看到爸爸的到来，似乎更加努力地想要表现自己，带球过人、射门……可是仍然事与愿违。就在此时，红队的宇川一脚射门，臣臣爸爸高呼："球进啦！"宇川跑到臣臣爸爸身边，说："陈老师，我厉不厉害？"只见臣臣爸爸像往常鼓励孩子一般说道："宇川你可太厉害了！"

在一旁的臣臣将这一画面尽收眼底，脱下了自己的衣服，大声哭泣道："我不玩了！足球一点也不好玩！"闻声而来的我和臣臣爸爸开始询问臣臣的情况，只见臣臣继续说着刚才的话，越哭越伤心，甚至跳起了脚。臣臣爸爸也安慰地说："不喜欢就不玩嘛！谁也没逼你，别哭啦！"臣臣一听，更陷入伤心的哭泣中，躺在我的怀里，情绪难以平复。

回到班里，我发现他的情绪太激动，以至于这时我和他讲什么道理都没有用了，所以我问："那你为什么不喜欢足球呢？"他说道："因为我爸爸总是表扬宇川踢得好！"我霎时间明白了，臣臣原来在吃宇川的醋，于是为了安慰臣臣，我开始寻找开导他的小办法……

🌴 我的反思

臣臣努力地踢足球，渴望大人的关注与肯定是一件好事。但是此次事件也使我意识到，臣臣因为没进球、爸爸鼓励了他人而哭，一方面表达了他对爸爸的崇拜与爱，另一方面也将没有得到爸爸肯定的不愉快发泄出来，还便是希望通过哭来获得成人的理解和关注。

故事二：建造我们的冷静太空

正在我尝试安抚臣臣时，我突然想起了班里孩子们最喜欢的一本书，于是告诉他："最近，小玉他们都很喜欢一本书，据说可以一下就让小朋友冷静下来，你愿不愿意试试？"臣臣含着泪点了点头。我开始与他一起阅读，他的情绪瞬间平静了下来。

为了更好地帮助孩子们做好情绪管理，在一天的教育活动上，我们开展了"我的冷静太空"阅读活动。图图说："这本书可真神奇，听完我的心情就会变好！"小玉说："好羡慕杰瑞有那么好玩的冷静太空！"米多说道："不如我们也做一个冷静太空吧！"孩子们对这个提议充满兴趣，很快大家就行动了起来：苹果用自己的身体测试箱子的大小，小玉在星球上涂颜色，图图装饰吊饰，臣臣刷墙。在这个过程中，孩子们玩得不亦乐乎！很快，大家都很期待的冷静太空竣工啦!

冷静太空成为孩子们最喜欢的班级角落。随着孩子们对自我情绪的关注,我们发现孩子一个人在冷静太空时真的会瞬间平复自己伤心或兴奋的情绪,但是具体的原因我们也很难判断。因此,我们提出了"为什么冷静太空能够使我很快地平复情绪?"这一问题,乐乐说:"其实是因为我们太喜欢冷静太空了,所以坐进去就会安静下来。"哥哥说:"我每次坐进去,只是一时心情好了,但想要进一步平复还是很难!"结合大家的讨论,臣臣也开始主动寻求帮助大家进行情绪管理的好办法,他利用每天进区时间采访每一位小朋友,希望丰富冷静太空的活动,让大家不仅仅是坐在里面。小鱼说:"我们还可以在阳台画画的区域,我一画画心情就好了!"苹果说:"还可以放两只录音笔,在情绪不好时用说话的方式管理自己的情绪,从而平复自己的心情。"臣臣在听了大家的建议后,完善了阳台的冷静太空,成了班级的情绪管理小专家。

🌴 我的反思

最终臣臣的情绪得以缓解,是因为他读了冷静太空的故事,来到了冷静太空。但为什么神奇的冷静太空可以使幼儿的情绪一下平复呢?据我分析,主要是因为冷静太空对幼儿而言有新鲜感,冷静太空的颜色、事物都可以帮助孩子们的注意力得到转移,另外便是孩子来到冷静太空之前就会对自身有潜意识的心理暗示等,这些促使臣臣爱上冷静太空。

但是要从根本上帮助孩子们学会缓解情绪,我们还应从事情的根本原因入手,以多种孩子们喜欢的方式放松心情、缓解不愉快,进而防止类似不良情绪的再次产生。

故事三: 臣臣的冷静太空

为了帮助臣臣在以后的生活中也会更好地处理情绪,我在臣臣彻底平复情绪后来到他身边:"臣臣,成为冷静太空情绪专家的你,现在怎么看待那天的暴风哭泣?"只见臣臣不好意思地低下头,害羞地说:"是我不对。"我说:"没关系,我们都有情绪不好的时候。如果暂时不喜欢踢球,我们还是可以先不踢。但是生活中有很多事情是不能够用哭来解决的,而是主动去面对。老师知道你哭泣的原因,可是爸爸现在知道吗?"臣臣说:"爸爸不知道。"我说:"那你可以主动告诉爸爸。"臣臣似乎明白了我的意思,开心地点点头。

之后,我还与臣臣的爸爸进行了沟通,告诉他孩子不喜欢足球的原因,并告诉臣臣爸爸一些与孩子交流的方法和策略。鼓励臣臣爸爸多多创造和孩子沟通的机会,了解孩子的想法。当臣臣遇到情绪问题时,先帮助孩子分析自己当下情绪产生的原因,并耐心地倾听孩子,然后表示自己的理解,从而接纳孩子内心的心理感受。家长用同理心帮助孩子、安抚孩子，和孩子一起想办法尝试解决，与孩子一起面对困难。交流后，臣臣爸爸鼓励臣臣的次数明显增多了，臣臣也越来越自信。一天臣臣还告诉我："李老师，我在家里也和爸爸选择了自己的独处空间，并且把这个好地方当成了我和爸爸的冷静太空。爸爸还说这也是他思考的好地方！"

🌴 我的反思

在孩子幼小的心灵中，认为父母最爱自己，一旦他们听到父母夸奖别人家的孩子，就可能会认为父母不爱自己，产生很强的失落感。从"臣臣的愤怒小宇宙"再到"臣臣的冷静太空"，我通过家园共育的方式加强了亲子之间的沟通与互动，更让臣臣有意识地认识并调节自己的情绪，见证了臣臣在情绪管理上的成长和转变。

（李静）

情绪调色板
——儿童绘画中的情感表达与成长

🌀 故事背景

情绪是一项重要而又复杂的心理活动，对于幼儿来说，情绪对其生存和发展有着重要影响。孩子们升入中班后，社会交往需求不断提升，随之而来的同伴之间的"小打小闹"也越来越多。有些幼儿往往会因为一件小事而感到烦恼，或者是闷闷不乐，或者是大发脾气。"我不想理你了""我不做你的好朋友了"……诸如此类的负面情绪表达渐渐地在班级里增多了，似乎成了孩子们拌嘴时的口头禅。而有些孩子"一吐为快"后却默默流泪或者号啕大哭，实则内心的想法没能很好地表达，内心的情绪没有得到真正缓解。

《指南》指出中班幼儿要经常保持愉快的情绪，不高兴时能较快缓解。在一日生活中该如何表达自己的情绪才能让内心重归愉悦，让他人理解自己呢？我们结合孩子们喜爱的一册绘本，从故事线索出发去体验情绪的另一种表达方式。

故事一：与"情绪小怪兽"一起，为情绪穿上"花衣"

图书区《我的情绪小怪兽》一书是孩子们较为喜爱的绘本之一，通过共读我们一起了解了"怪怪的"小怪兽内心原来藏着各种各样的情绪。孩子们跟着小怪兽一起将杂乱的颜色进行分类，通过对色彩的感受和解读，发现了黄色的"开心兽"、蓝色的"伤心兽"、红色的"愤怒兽"、黑色的"害怕兽"、绿色的"平静兽"……

通过模仿小怪兽的表情，感受每种色彩带给自己的感受，孩子们分享了让自己开心的、伤心的、害怕的、生气的事情，对色彩的解读也有了不一样的想法。

晓彤说："当我妈妈回家很晚不能陪我玩的时候，我觉得很伤心，我觉得自己变成了灰色的。"

安其说："我觉得当妈妈来接我下幼儿园的时候是红色的，因为我特别高兴！"

叮当说："当大树帮助我的时候，我觉得我变成了粉红色的小怪兽，我感觉很温暖。"

远远说："沛沛对我大声说话的时候我很生气，这是不对的。我觉得我变成了红色的。"

我的反思

通过《我的情绪小怪兽》这本孩子们比较熟悉的绘本故事，巧妙地让孩子感受到情绪与色彩碰撞出的"火花"，感知并大胆表达自身对情绪与色彩的理解。在分享交流的过程中，孩子们大胆表达着自己的情绪故事，不仅引发了同伴的共鸣，而且丰富了对情绪与色彩的认知。

故事二：伤心了不敢告诉她

一次区域游戏中，我发现一向不爱哭的含音小朋友坐在椅子上默默擦着眼泪，于是我走到含音身边轻声询问原因。含音说："摆椅子的时候，明明是我先来的，可可却抢走了我的椅子。我和可可说'不能插队'，她直接就走了。"我问道："老师知道了，那你现在的心情是怎样的？"含音委屈地说道："我很伤心，她这样做是不对的。""如果你觉得插队是不对的，你可以和她说呀，问问她为什么这样做。"我建议道。含音低下了头，过了一会儿小声地说："没事了……"

我看出了含音的犹豫。含音在交往上是有一些胆怯的，又联想到可可平时和含音很少一起玩，并且有自己固定的好朋友。含音鼓起勇气说出的话却被可可无视，心里肯定不是滋味，所以才会默默流泪。于是我又建议道："如果你不想直接和她说，也许可以给她写信，我们偷偷地寄给她，看看她会有什么样的反应。"

含音抬起头看着我，点了点头。于是，含音找来了一张浅蓝色的纸，我将纸张对折，在顶面画上了一个大信封，说道："你看，这样就像一封信啦！你可以在信封的封面上写上可可的学号，在信里画出你现在的表情，比如你现在很伤心，表情会是什么样的呢？然后在下面画出这件让你伤心的事。这样可可在看到信后就知道是怎么回事了。"

含音很喜欢画画，不一会儿就画好了信，还在信封上写下了自己的学号和名字。我和含音约定好，午睡的时候偷偷放在可可的椅子上。

午睡结束后，可可惊讶又兴奋地发现自己的椅子上多了一封信，还写着自己的学号。可可的发现也迅速引起了周围小朋友的关注，纷纷凑过来要一看究竟。可可打开信封看到画面中的小朋友撅着嘴巴，一脸担心地说："哎呀，他怎么不高兴？这里还有两个小朋友，怎么一个高兴一个不高兴呀？这是谁画的呀？"周围的小朋友也讨论了起来，诺诺突然说："喔，我看见是含音画的，她在美工区的时候画的！"

于是，可可经过询问含音"信"中的意思，了解了含音伤心的原因，急忙抱了抱含音，说道："其实我没有听到你跟我说话，对不起，我下次不这样了，你别伤心了，我们还是好朋友对吗？"含音笑着点了点头。两个小朋友拉了拉钩，约定明天一起玩。

🌴 我的反思

伤心的体验人人都有，有的人会默默流泪，有的人会产生攻击性行为或是抗拒心理，这些都不是纾解情绪的有效方式。

对含音来讲，跟可可当面沟通是有些难为情的，而通过写信的方式来沟通对于孩子来讲是新颖的、有趣的，让含音在一定程度上免去了当面询问的羞涩。同时，含音的绘画兴趣和表现力较好，很愿意通过绘画来表达自己的想法，这也促成了可可拿着信主动找到含音来解决问题，不仅化解了含音的伤心情绪，还创造了增进同伴关系的机会。

写信可以提供给幼儿一种更为新颖、私密、有仪式感的方式去表达，不拘泥于以绘画的内容和形式作为情绪表征的途径，应该更关注幼儿在写信前后情绪的变化和写信时情绪的抒发。

故事三：写信告诉"TA"

含音的伤心情绪得到了缓解，还因此多了一个和朋友相处的机会，而其他小朋友对"信"的好奇也由此生发。第二天的美工区里，老师投放了几个空白的信封，有个小朋友一拿起信来就说："昨天毛豆小朋友抢我玩具了，我得告诉他我很生气。"有个小朋友说："昨天晚上我很伤心，妈妈答应我睡觉前给我讲故事，但是妈妈很晚才回家，我就伤心地睡着了。"有的小朋友发现了信纸颜色的不同，说想用橙色的信纸来记录自己和好朋友开心的事情。

几个信封很快就被抢光了，班里"写信潮"也由此产生。有的写伤心的信，有的写开心的信，有的小朋友写完信后还用贴纸、彩泥、印章进行装饰……还会请老师记录下自己想对别人说的话。

一天，大树小朋友在写完信后悄悄问我："康老师，我能把信放在叮当的柜子里吗？这样他晚上拿衣服的时候就会发现了。"果然，叮当发现后特别开心，笑着对大树说也要为大树写一封信。

为了满足孩子们写信、寄信、收信的需要和仪式感，经过讨论，我们在班级中创设了"叮咚来信了"自助写信区角。孩子们可以在区角里自由选择不同颜色的信纸，在上午区域游戏和下午午点时间为他人写信，写完信后在白板上记录下收信人的学号或是暗号。

"叮咚来信了"区角成立后，孩子们都很期待白板上出现自己的信，也很愿意尝试用写信的方式来表达自己的想法和情绪。写信的形式也不再拘泥于在纸面上写信，有的小朋友将自己制作的手工作品当作礼物送给好朋友以表达对同伴的喜爱，有的小朋友为伙伴留下"语音信"……在"叮咚来信了"区角发生的趣事越来越多。

🌴 我的反思

"写信"不仅给孩子们带来交流上的新鲜感、仪式感，而且培养了一种沟通上的自主性。写信的记录方式也不再拘泥于一开始的绘画，生发出制作礼物、"语音信"等孩子们喜欢的表达形式。表达形式的丰富在一定程度上提升了幼儿表达的主动性，让负面情绪有渠道抒发，让积极情绪温暖传递。"叮咚来信了"为幼儿之间建立了新颖的情绪表达和情感交流的平台。

还有幼儿将信带给自己的家人，主动与爸爸妈妈、哥哥姐姐交流自己的情绪和想法，增进了自己与家人之间的情感关系。

故事四：给妈妈的奖状

除了用色彩和写信的方式表达自己的伤心情绪，还能用什么方式表达自己的积极情绪，让快乐延续下去呢？母亲节来临之际，美工区里的小朋友纷纷为妈妈制作起小礼物，有的孩子制作了小蛋糕，有的孩子用彩泥捏出了穿着公主裙的妈妈。

"我妈妈每天都给我讲故事，她讲得特别好，我想做一个奖牌送给她!"香香高兴地说道。

小宝说："我妈妈也会讲故事，那我也给妈妈做个奖牌吧!"

小米说："我想给妈妈做一个奖状，就像我在运动会得的一样。"

在随后的区域分享中，这几位小朋友的作品引发了全班小朋友的讨论，大家纷纷想给自己的妈妈制作奖状或者奖牌，夸一夸妈妈的优点。

于是，"给妈妈的奖牌"这一有温度、有感染力的活动在班级悄然开展，孩子们有说有笑地谈论着自己妈妈的优点和让自己喜爱的地方，并着手为妈妈制作奖状、奖牌，准备回家为妈妈举办颁奖仪式。制作完成后，孩子们请老师在奖状上写下获奖的内容或是记录上自己想对妈妈说的话。

在母亲节这一天，孩子们将自己精心准备的奖状和奖牌小心翼翼地带回家。从家长群的反馈中，老师们感受到家长们的感慨和欣慰。回到班级中，孩子们开心地分享起给妈妈颁发"奖状"的趣事。

晗玥："妈妈拥抱了我，对我说了谢谢，我觉得特别开心。"

大树："妈妈很高兴，我也特别高兴，我还为妈妈讲了故事。"

🌴 我的反思

这份温暖的、送给妈妈的奖状，让孩子们将谈论起妈妈时那种发自内心的快乐用自己喜欢的方式表达出来，将内心愉悦的情绪情感传递给他人。同时，孩子们收到了来自妈妈的感动和欣慰，这种美好的情感体验更加强了孩子们的愉悦感和幸福感，从而潜移默化地感受到表达美好的、积极的情绪会带来正向的情感联结和情绪体验，一定程度上提升了幼儿的情绪调节能力。

(康伊明)

情绪小怪兽

🌀 故事背景

新学期开启新的梦想，新学期迎接新的希望。9月开学季，我们又迎来了一张张崭新的面孔，他们将要脱离家庭、亲人迈向幼儿园这个社会群体，开启一段新的旅程。面对幼儿园陌生的人、事、物，孩子们会出现不适应的情况，分离焦虑尤为明显，他们的情绪就像天气一样，变幻莫测。因此每年9月的新生入园适应就成为我们的"重头戏"，通过帮助孩子们缓解分离焦虑，逐步适应幼儿园的生活，慢慢建立安全感与归属感。

故事一："哭"到底有没有用

开学初期，妮妮也同其他孩子一样出现了分离焦虑。早来园时，小脸儿上总是挂着两行泪，每次都是姥姥抱着送进班的。当姥姥把妮妮交到老师手里时，她虽不抗拒，但这句"老师，是不是吃完饭、睡醒觉，姥姥就来接我了？"从早问道晚。像妮妮这样自我安慰型的孩子，起初我都会及时给予回应："是呀，妮妮，睡醒觉姥姥就来接你了。来，我们擦擦眼泪，不哭了。"再抱一抱、哄一哄，安抚她的情绪。起初还有些效果，但随着时间的推移，妮妮的焦虑情绪不但没有缓解，反而更加严重了。她的哭闹情绪在班中越发明显，孩子们经常会被她的哭声所吸引。当妮妮的哭声由远及近地传来时，有的孩子会放下手中的玩具寻着哭声看向她；有的孩子则跑到老师跟前说"老师，妮妮又哭了"；有的孩子也会受到影响，和妮妮一起哭起来；还有的孩子会主动上前劝解妮妮："你别哭了，哭是没有用的，吃完饭爸爸妈妈就来接我们了……"这句貌似是安慰的话语，但也值得我们深思。于是我和孩子们围坐在一起，聊起了"哭"这个话题——"哭"到底有没有用？

居居："哭是没有用的，因为哭的时候什么都做不了。"

星星："哭太吵了，还会让身边的人跟着哭。"

庚浩："哭太久的话，眼泪都能流一桶，衣服还会弄湿。"

安安："哭是不对的……"

听完孩子们的回答，我心里不由得一惊，原来"哭"在孩子们的心中是这么的不被认可和接受。"哭"是我们最直接的宣泄情绪的方式，如果一味地否定他们的感受，孩子们的幼小心灵将会受到伤害。

🌴 我的反思

小班初入园的孩子，脱离家庭步入幼儿园的集体生活中，对于孩子们来讲是一件非常有挑战的事情。哭闹是幼儿本能的一种情绪反应。陶行知先生曾说过："集体生活是儿童之自我向社会化道路发展的重要推动力，是儿童心理正常发展的需要。"因此有效缓解初入园幼儿的焦虑情绪，对幼儿的身心发展和社会适应十分重要。情绪虽然每天都常伴孩子左右，但它十分抽象，看不见也摸不着。虽然小班幼儿自我认知能力在不断提升，但还不能准确地识别和表达自己的情绪。儿童心理学家迈克尔汤普森曾说过："如果我们一直坚持用传统观念阻止孩子们认识自己本身的情绪，不仅会阻碍他们感情认知的发育，也会影响自我价值观的形成。"因此，在尊重、接纳幼儿个体差异的同时，也要引导幼儿正面各种情绪，并引导其用适宜的方法去调节、去缓解，这样才有利于幼儿身心健康发展。那如何让孩子们知道难过、开心这些情绪都是正常的，情绪没有对错呢？就让我们借助绘本故事去帮助孩子识别、接纳和整理自己的情绪吧！

故事二：你好，情绪小怪兽

班上有一本《我的情绪小怪兽》的绘本，里面有一只由红色、黄色、蓝色、绿色和黑色混合的小怪兽。因为小怪兽感觉非常糟糕和混乱，就去向朋友求助。朋友想出了一个好主意，用瓶子分装情绪，这样就不乱了。

其实我们的孩子也同这只小怪兽一样，每天都会面对、经历这些情绪。别看孩子小，他们对情绪有很强的感受力。当看到蓝色小怪兽那页时，孩子们首先发现小怪兽的表情和颜色发生了变化，他们还关注到天空中下起了雨，小怪兽的眼泪和雨点是一样的。

我为孩子们讲解道："孩子们，其实哭一哭没关系，因为云朵也会流眼泪呀！"

雯雯："耶，那就会下雨啦！下雨还能穿雨鞋呢。"

谦谦："想妈妈的时候哭一会儿可以，但不能一直哭。"

韬理："还是不哭好。"

芊颖："哭一次没关系，只要哄一哄我就好了。"

穆涵："如果小朋友抢我玩具，我就会哭……"

老师："那当我们遇到蓝色小怪兽（伤心难过）时，怎样做就能慢慢变成黄色的小怪兽（开心）呢？"

韬理："可以玩一会儿大滑梯。"

博程："看一看娃娃家里爸爸妈妈的照片。"

居居："可以让老师陪陪我、抱抱我。"

馨未："可以和好朋友一起玩。"

穆涵："不能抢我的玩具，可以你玩一会儿，我玩一会儿……"

那不妨让我们把孩子们缓解情绪的方法记录下来，当他们遇到情绪问题时，我们来试一试。

🌴 **我的反思**

小班幼儿对事物的认知经验更多是通过感知和体验获得的。当孩子遇到情绪问题时，老师能够借助绘本引导幼儿认知情绪，帮助幼儿进行情绪疏导，巧妙地运用适宜的绘画语言，将那些抽象的、看不见的"情绪"转化为直观且形象的视觉体验。通过绘本故事《我的情绪小怪兽》，引导孩子们了解情绪虽然有正负之分，但没有对错。书中不同颜色的小怪兽代表了不同的情绪。色彩可以传达出"情绪"，也帮助幼儿更好地识别情绪。

故事三：接纳情绪小怪兽

当妮妮再出现哭闹情绪时，有的小朋友也会主动上前和老师一同安慰妮妮。但由于妮妮沉浸在难过的情绪中，对小朋友的关爱也不予回应，显然她更依赖老师的陪伴。为了帮助妮妮融入集体生活，待她的情绪缓和些，我带着她以小客人的身份来到了娃娃家。娃娃家中的"爸爸妈妈"很热情地招待了我们，还为我们做了美味的蛋糕。递给妮妮时，她有礼貌地回应："谢谢。"紧接着又端上了烤串、水果、饮料，我和妮妮吃完后，一起收拾整理，并和妮妮进行简单的情绪复盘。我："妮妮今天非常有进步，和小朋友一起玩，心情怎么样？"妮妮："很开心，但我还是会想妈妈。"我："每个小朋友其实都会想自己的妈妈，老师也会呀！你要是想妈妈了，就可以来抱抱曹老师，这样我就知道啦！"在接下来的日子里，我的身后时常会出现一个"小尾巴"，总会对我说："曹老师，抱抱，我想妈妈了。"然后顺势扑到我怀里。我轻拍几下后，她转身离开，去玩滑梯，去荡秋千，去玩玩具，去画画。虽然每天会想妈妈很多次，但大多数情况下妮妮都没有哭鼻子。一天晚离园环节，我特意和妮妮姥姥当面沟通了她在幼儿园的近况，一个月的时间，将看似"可怕"的经历，通过照片的形式变得更加温馨。妮妮姥姥感动之余也认为小三班是一个非常有爱的大家庭，妮妮不仅有老师的关爱，还有同伴的陪伴。我也建议姥姥引导妮妮和邻居、社区里的小朋友多互动，感受到和小朋友一起游戏的快乐，这样也能帮助她更加适应集体生活。

🌴 **我的反思**

一个被认可的拥抱，一个被关注的眼神，永远是开启孩子心门的钥匙。当妮妮再出现哭闹情绪时，教师首先通过安抚、接纳情绪、转移注意力、情绪复盘、鼓励肯定等多种方式，帮助其缓解焦虑情绪，陪伴着她和同伴一起游戏，体验活动的乐趣。其次及时和家长沟通孩子近况，了解孩子的成长和变化。家庭作为幼儿园的合作伙伴，当幼儿出现情绪问题时，要及时沟通、分析原因，并制定相应的策略，家园配合共促发展。

故事四：整理——情绪小怪兽

转眼进入十月，妮妮迎来了 4 岁生日。周末妮妮妈妈带着她去了环球影城。周一早上，妮妮高高兴兴跑进班兴奋地和我分享道："曹老师，昨天是我的生日，我去了游乐场，还吃了生日蛋糕，是小黄鸭的，芒果味道的……"看到她乐呵呵地分享着自己的见闻，一改往日忧愁的形象，我好像重新认识了她。晚离园前我俩做了个小约定："妮妮过完生日，又长大一岁啦，希望你每一天都能都像今早一样笑得这么开心。"妮妮爽快地答应下来。第二天，第三天……妮妮每天都高高兴兴地来幼儿园。

在日常活动中，我们发现妮妮的泥工特别出色，美工区的展台上有很多妮妮的作品。我们鼓励她教小朋友制作小花朵和小动物。她很开心地给小朋友当老师。在接下来的日子里，经常会看到她在美工区忙碌的身影，有时候自己专注地玩泥，有时候像一个大姐姐一样，耐心地教小朋友。当小朋友不会时，她还会帮着团好再递过去。听到小朋友说谢谢时，她会笑着回应不客气。

🌴 **我的反思**

日常生活中，幼儿的语言、动作、神情都能反映出他们当下的情绪状态。教师不仅要关注幼儿的情绪，而且要依据不同的情况灵活采用策略，并善于捕捉和发现孩子的闪光点，将其放大，一方面提高幼儿的自信心和自我认同感，另一方面鼓励幼儿和同伴互动交往，从而适应集体生活，建立归属感。

（曹明静）

当汤圆变成了一只喷火龙

🐚 **故事背景**

汤圆是一个特别的孩子，他有很多自己独特的爱好，比如他最喜欢的数字是 7，他最喜欢的颜色是绿色，他最喜欢的车是挖掘机。如果拿到的不是绿色或者不是第 7 个，汤圆就会一把从别的小朋友手里抢过来，或者站在原地大哭不止。每个人都会有自己的情绪，这很正常。作为教师，我们应该在接纳和理解幼儿负面情绪的基础上，挖掘幼儿负面情绪产生的原因，引导幼儿学会用正确的方式识别、表达和管理情绪。

从幼儿最喜欢的绘本故事出发是缓解幼儿负面情绪的一种有效途径。于是，教师选择了情绪主题绘本《我变成一只喷火龙了》。绘本讲述了爱生气的阿古力和喜欢吸爱生气人的血的蚊子波泰之间的故事。一大早，阿古力就被波泰叮了一个包，阿古力非常生气，于是大叫一声，结果喷出了大火。之后，只要阿古力一开口，火就会冒出来，阿古力变成了一只喷火龙，破坏了很多东西，大家都不敢和他做朋友了。于是，阿古力想了很多办法来灭火，跳进池塘、埋进沙堆、躲进冰箱……但是都没用。阿古力急哭了，奇怪的是，阿古力的鼻涕和泪水把火熄灭了。"又哭又笑，大火熄掉!"原来这是熄灭大火的秘诀。

汤圆非常喜欢这个绘本，因为故事主人公阿古力是一只绿色的恐龙。教师也很喜欢这个绘本，因为绘本中的主人公阿古力和汤圆有一些相像的地方。

故事一：如果你被蚊子叮了，会生气吗?

绘本《我变成一只喷火龙了》投放到图书区后，受到了包括汤圆在内的很多小朋友的喜爱。小朋友总是对喷火的阿古力很感兴趣，他们一起探讨了阿古力喷火的原因。孩子们觉得主人公阿古力也太爱生气了。大家针对问题"如果你是阿古力，被蚊子叮了，你会生气吗?"展开了讨论。

萱萱："如果我被蚊子叮一下，我才不会生气呢! 因为蚊子叮了一点都不疼呀!"

图图："对，蚊子叮一点都不疼，但是会有点痒，喷点花露水就没事儿了。"

汤圆："可是我就会生气，晚上睡觉的时候，如果蚊子一直嗡嗡嗡地叫着，太吵了，我又抓不住它，我就生气了。"

潘潘："那你可以用扇子把蚊子赶走，这样就不会生气了。"

思凯："还可以用蚊香把蚊子赶走。"

教师："对，汤圆，下次当你遇到问题时，可以想一想好的解决办法。这样问题解决了，你就不会生气了。"

🌴 我的反思

绘本中阿古力被蚊子叮的事件引起了很多幼儿的共鸣。从幼儿的讨论与回答中我们能看出，当遇到问题时，汤圆的反应是生气，缺少应对负面情绪的方法。但是在绘本内容的讨论中，班级其他幼儿提出了一些解决问题的办法，避免自己产生负面情绪。由绘本故事引发的讨论，为汤圆处理生气的情绪提供了可借鉴的思路与方法，同伴之间的对话与交流更能在无形中影响汤圆今后面对问题的处理方式。

故事二：为什么火苗不一样大？

一天区域活动时，汤圆又来到图书区，安静地阅读绘本《我变成一只喷火龙了》。汤圆看见我后急忙跟我分享他的阅读发现。

汤圆："老师，我发现阿古力喷出的火苗是不一样的，有一些大的，你看这个火苗这么长，都超出书了，还有一些是小的，就一点点。"

教师："那你觉得阿古力什么时候会喷出大火苗？什么时候会喷出小火苗呢？"

汤圆："那肯定是他特别特别生气的时候就会喷出超级大的火苗，但是有一点点生气的时候就只会喷出小火苗。因为有的时候我特别生气，感觉头顶都冒火了，跟阿古力的火一样大。"

区域分享环节，我请汤圆跟大家分享了他的阅读发现，孩子们都非常认可汤圆的发现。于是孩子们讨论决定画一些大小不同的火苗表示自己生气的程度。如果特别生气，就给自己贴上一个超大的火苗，如果有一点生气，就给自己贴上一个小火苗。还有孩子提出："当我们不开心的时候，可以为自己画上小雨点。当然，开心的时候也可以画上笑脸。这样别人就知道自己的感受了，老师和小朋友也可以来帮助自己。"

🌴 **我的反思**

汤圆的阅读发现来源于自己生气的情绪体验。他能用绘本中大小不同的"火苗"来表达不同的生气程度，这是一个非常好的情绪表征的方法。为了支持幼儿更加直观地表征情绪，班级设置了情绪墙，每个幼儿都有自己的情绪空间，他们可以用自己喜欢的方式表达自己的情绪。这种直观的方式可以帮助幼儿进行情绪表达，也提醒教师要多多关注幼儿的情绪。

故事三：真假汤圆

班级创设情绪墙以后，孩子们经常会来到情绪墙附近，画一画自己的心情，也会关心一下同伴的情绪，这里成为孩子们交换心事的秘密空间。为了让这个空间更加舒服和放松，教师在情绪墙旁边放置了帐篷和软垫，布置了一个温馨的爱心角。如果有小朋友情绪不好，就可以在爱心角待一会儿，还可以看书、听歌、发呆……

一天下午，小朋友们正在吃水果，汤圆坐在椅子上又哭又叫，老师们反复询问、安慰，汤圆仍然没有任何变化。过了一段时间，汤圆自己默默来到了爱心角。汤圆在爱心角拿出笔和纸画画。过了一会儿，老师发现汤圆画了两个人，一个人是绿色的，一个人是黑色的。在与汤圆的沟通中，老师才知道汤圆画的是真假汤圆，真汤圆是用他最喜欢的绿色画的，黑色的小人则是假汤圆。这时老师问道："那刚刚发脾气的是真汤圆还是假汤圆呢？"汤圆想了想小声地回答："是假汤圆吧。"老师继续问道："刚刚假汤圆为什么会这样做呢？"汤圆摇了摇头。老师试探性地问道："你是不是没睡醒？所以觉得不太舒服。"汤圆点点头说："刚刚那个是假汤圆，不是真的。""那以后假汤圆再出现了怎么办呢？"老师问。汤圆困惑地说道："我也不知道啊。"老师说："其实你刚刚能用画画的方法让自己冷静下来，不那么生气，老师很高兴。那你以后生气的时候可以试试像今天这样画画吗？"汤圆认真地说："可以！"老师指着爱心角旁边的墙面图示说道："其实你以后还可以试试小朋友们生气时的好办法，你看这些都是小朋友画的，可以深呼吸、喝水、看书……"汤圆开心地说："那还可以加一个方法，就是画画。"老师肯定了汤圆的方法，说道："我们现在有了这么多缓解生气的好办法，相信以后真汤圆肯定能战胜假汤圆！"汤圆听完不好意思地笑了笑。

🌴 我的反思

班级的爱心角为汤圆提供了一个安全的情绪调节的空间，这不仅是汤圆发脾气时的缓冲地带，也是教师处理幼儿情绪问题的缓冲地带。在爱心角，汤圆绘画"真假汤圆"，其实也是一种隐性的情绪识别。汤圆识别到生气时的汤圆是"假汤圆"，是不好的，他希望"真汤圆"可以打败"假汤圆"。可是当"假汤圆"出现时，"真汤圆"还是缺少一些应对负面情绪的好办法。这是今后教师和班级小朋友需要给予汤圆帮助的地方。

故事四：椅子去哪了

午睡起床后，汤圆穿好衣服将自己的拖鞋送回鞋柜。当汤圆放完拖鞋回来搬椅子时，他迷茫地四处看了看，然后站在原地生气地大喊了起来："我的椅子呢！"说着便要搬走旁边辰辰的椅子。辰辰按住椅子说："这是我的椅子，不是你的。"汤圆不肯放手，两个小朋友争吵了起来。汤圆喊着："我不要！我就要我的椅子！"辰辰说道："你是不是忘了已经搬走了呀？"汤圆一边摇头一边说着："没有。"大家都无计可施，很多小朋友都开始捂上耳朵。就在我让汤圆先冷静一下的时候，柠檬走了过去，对汤圆说了一声："汤圆，你先喝一杯魔法爱心水吧。"汤圆愣了愣，然后收起了哭声，喝了一杯水。这时辰辰对他说："汤圆，你的椅子在这里，你刚才没看到吧。"汤圆开心地把自己的椅子搬走了。

"爱心水"是孩子们的秘密暗号。在阅读绘本《我变成一只喷火龙了》的过程中，孩子们发现在面对生气等负面情绪时，我们可以通过哭、运动、喝水等方式浇灭身体里的火。那么，在班里什么方式是最容易实现的呢？经过讨论，小朋友们共同决定：如果有小朋友不开心或者生气的时候，就可以喝一杯水冷静一下。孩子们给这杯水起了个好听的名字，便是"爱心水"。

汤圆在面对生气的情绪时，缺少缓解情绪的方法，同伴的提醒成功地帮助汤圆化解了负面情绪。作为教师，在汤圆情绪平复以后，需要与汤圆聊一聊他每一次的情绪感受："汤圆，刚才是假汤圆又跑出来了吗？"汤圆说道："对的，可我喝了一杯'爱心水'，真汤圆就战胜假汤圆了。"教师说道："你看，你又获得了一个应对生气的好办法，就是喝'爱心水'。"汤圆肯定地点点头："这个方法其实我早就知道了，因为'爱心角'的墙上有。还有很多其他办法呢，我都记下啦！"

🌴 我的反思

现在的汤圆有时还会在班里生气或发脾气，但是面对生气这件事，他已经有一些掌控感了。他能通过语言或绘画表达出"我现在很生气！"甚至可以为自己的生气定出1～3个级别，还知道生气的时候可以去爱心角待一会儿，可以喝一杯爱心水，还可以做很多其他的事情让自己不那么生气。当其他小朋友生气的时候，他还能走上前去安慰同伴，告诉同伴可以怎么做。我想正是这种稳定的情绪识别、情绪表达和情绪调整让汤圆、同伴和教师都能积极地认识、接受和应对各种不同的情绪。

情绪调节能力不是一学即会的能力，在幼儿知与行之间还有很大的距离需要跨越。因此，这需要教师抓住每一次幼儿应对负面情绪的偶发事件，借助绘本、环境、同伴的力量，在理解和接纳幼儿情绪的基础上，帮助幼儿逐步学会应对负面情绪的好办法。当孩子慢慢了解、熟悉、运用自己掌控负面情绪的好办法时，在每一次生气、发脾气时都能真切地感受并接纳自己的情绪时，那么幼儿的情绪就是可控的、可调节的。

（周玉平　张晓萌）

（四）自我之探

独特的我

🐚 故事背景

升入中班后，原班级中的幼儿发生了变化，加入了很多新面孔。为了让小朋友们相互认识、加深了解，我们请所有的幼儿都进行了详细的自我介绍。幼儿在这次介绍中显示出了对自我探索的浓厚兴趣。因此，结合幼儿的兴趣与需要，我们开展了主题活动"独特的我"。我们为幼儿提供平台与材料，让幼儿对自身的性格、兴趣及技能进行深入探索，使幼儿在深入了解他人的同时，也能够认识到自己的禀赋与独特性，感知自己的独一无二，从而增强自信心，在获得自我认同感的同时，获得社会性的发展。

故事一：独特的自我介绍

"欢迎小朋友加入中三班这个大家庭，为了让小朋友更快地了解我们大家庭中的成员，现在小朋友们可以进行自我介绍了。"话音未落，娜娜就积极踊跃地举起了手。娜娜是一个活泼开朗、聪明自信的小女孩，只见她抬头挺胸、迈着矫健的步伐走到了小朋友们面前，用洪亮的声音向小朋友们介绍了自己的名字、年龄、爱好及特长。小朋友们不禁被娜娜熟练的自我介绍所吸引，纷纷专注、认真地听着娜娜的介绍。娜娜介绍完毕后，班级幼儿都自发为娜娜鼓掌。娜娜的介绍带动了很多小朋友上前发言，就这样，孩子们积极踊跃地进行着自我介绍。到了最后，就差杨杨还没有介绍了。"杨杨你愿意上来向小朋友介绍一下你自己吗？你想介绍什么都可以。"我说。杨杨紧张地搓起了手，红着脸低下了头。这时，坐在杨杨身边的嘉嘉对杨杨说："杨杨快上去介绍吧，没事的。"边说还边把杨杨往中间请。杨杨蹑手蹑脚地走上前来，环顾了一下周围的小朋友，还没张口，便'哇'的一声哭了。我见状抱了抱杨杨并安慰道："你知道吗？你能从你的位置走到这里来，对你而言就已经是很大的突破了。而且你用你特有的方式让小朋友一下就记住了你，是不是？"听到我的鼓励后，下面的小朋友也对杨杨进行了鼓励与肯定："杨杨真棒！真勇敢！"听到老师、小朋友的肯定与鼓励，杨杨很快就平复了心情。"那现在你愿意向小朋友介绍你自己吗？"杨杨摇了摇头。"那你不想用说的方式让大家了解你，小朋友可以通过什么方式了解你呢？""我可以画画。"杨杨小声说。"好！当然可以！期待你的介绍册。"

第二天，杨杨交给我一本精致的册子。上面不仅画了很多画，还贴了很多照片。为了帮助大家理解，杨杨的妈妈还贴心地在旁边写好了备注。"你的介绍册做得真精美，你愿意给小朋友介绍一下你做的介绍册吗？"杨杨摇了摇头。"那用我帮你给小朋友介绍一下吗？"杨杨继续摇头。"那你想让小朋友怎么欣赏你的介绍册？"我问。杨杨指了指图书区的书架低声说："让他们自己看就好。"小朋友对杨杨的介绍册十分好奇，他们争先恐后地想要欣赏杨杨的介绍册。但无奈小朋友不识字，他们只能看着杨杨提供的照片和画作进行大胆的猜测。"杨杨画得真好，他一定很喜欢画画，这个应该是杨杨的妈妈吧，因为跟杨杨还挺像的，不过这又是谁？"杨杨虽然在旁边一言不发，但是他一直关注着小朋友的一言一行。当小朋友有说得不对或者看不懂的地方时，杨杨都会在旁边用很简短的话语进行解释。就这样，杨杨完成了他的第一次分享。从这次分享之后，我们发现杨杨与小朋友之间的沟通频率变得越来越多，他从能够简单回答小朋友所提出的问题到敢于和班中的男孩子进行简单的交流，再到能够勇于举手在小朋友面前进行展示……看到杨杨的进步与成长，我们由衷地为他感到开心。介绍册的形式也由此在我们班流传开来。

🌴 我的反思

在升班过程中，幼儿经常会遇到拆班与合班的问题。当幼儿处在陌生环境或幼儿性格本就比较内向时，他们经常会表现出胆怯、不自信等特征。而在"己我关系"的维度中，育爱课程的第一个目标就是"愉悦自信"，即希望幼儿有积极、稳定的情绪情感和自我认同。为了让以杨杨为首的这类幼儿获得自信，能够大胆与同伴、老师进行交流，我们不仅要对他们给予更多的鼓励，还应为他们提供更加宽松、舒适的空间，运用他们乐于接受的方式使他们逐步进行突破。

其实，当家长提前知晓幼儿要面对拆班的这一问题时，会比幼儿更为担心、焦虑，他们认为幼儿换一个新环境不能很好适应。其实不然，通过与幼儿的接触，我发现孩子的适应能力是很强的。换了一个新环境，可以让幼儿结识到更多的好朋友，提升幼儿的适应能力与社会交往能力，也能让幼儿接触到不同教育风格、不同特长的教师，有助于促进幼儿的全面发展。

故事二：发现独特的你

之后的一段时间，很多小朋友都自发制作了属于自己的成长故事册，他们喜欢向他人介绍自己的成长故事，也喜欢欣赏别人的成长故事。通过制作成长故事册，孩子们更加深入地了解了自己与同伴，他们通过观察、对比、交流，发现了自己与同伴的不同。他们发现小朋友不但长得不一样，性格不一样，就连兴趣爱好及特长也都不尽相同。

一天，昱昱和伊伊一同走进图书区去观看小朋友们的成长册，她们直接选择了彼此的成长册翻阅起来。"哇！伊伊这些魔尺都是你变的吗？"昱昱边看边问身边的伊伊。"是呀，都是我变的，照片里展示的只是一部分，你想要看更多的话可以去抖音上看，我妈妈经常会上传一些我变魔尺的视频在抖音上，现在已经上传了好多视频了！"伊伊说。"是吗？我好想看看！"昱昱迫不及待地说。"那个得用手机或者平板看，你现在要想看的话可以请老师帮忙。"于是，昱昱找到了我，并跟我说明了情况。我帮助昱昱调出了伊伊的视频。昱昱津津有味地看了起来，边看边说："伊伊，你也太厉害了吧！这么难的都会变！"昱昱的感叹声顿时吸引了很多小朋友前来围观。孩子们边看边发出感叹："哇！伊伊好厉害啊，她会变这么多东西！"欣赏完伊伊的视频后，皮皮对伊伊说：

"伊伊，我特别喜欢你变的钻石手表，你能给我们变一个吗？"我本以为平日里胆小内敛的伊伊会拒绝在小朋友们面前进行展示，但没想到这一次伊伊却开心地说："当然可以啦！"边说边去拿魔尺给小朋友们变了一个钻石手表。小朋友们见状不禁为伊伊鼓掌，得到小朋友鼓励的伊伊也十分开心。

在区域分享时，昱昱把自己今天的所见所闻进行了分享："我今天在图书区看成长册的时候，发现伊伊变魔尺特别厉害，我们还看了她变魔尺的视频呢！"听了昱昱的分享，很多小朋友都按捺不住了，他们纷纷举起手想说出自己的发现。肉肉说："我之前看过兜兜的成长册，他玩拼插玩具可厉害了！他能用很多不同的拼插玩具去拼作品，他拼的恐龙、汽车、机器人都可像了！"棒棒说："我之前看了棉棉的成长册，发现她画画特别厉害，她成长册里的照片全都是用她的画来解释的，画得可好了！"棉棉说："我之前看过棒棒的成长册，我看到她练习跆拳道的照片了，特别厉害！"点赞环节一经开启，孩子们瞬间都进入"夸夸团"中，他们不断发掘同伴的闪光点，丝毫不吝啬对他人的夸赞。在此过程中，我发现孩子们不仅笑容变多了，也更加自信了，于是，"我为你点赞"的活动也一直在班级中延续了下来。起初，孩子们不断挖掘同伴在成长故事册中的闪光点，但随着活动的不断延续，小朋友也逐渐发掘到同伴在特长、学习品质、优良品德等方面的闪光点，并为他们点赞。在活动中，外向的小朋友能积极踊跃地为同伴的闪光点点赞，内向的小朋友在听到夸奖后，也逐渐打开了自己，尝试用只言片语去回馈小朋友对他的赞美，并能够勇于说出自己发现的同伴的闪光点。当孩子们得到同伴的频频肯定后，他们的关系一下就拉近了，而且班级中的互帮互助等行为明显增多，班级氛围也因此变得十分融洽。孩子们通过活动不仅收获了赞美，获得了自信，而且结识到了更多的好朋友，社会交往能力也随即获得了很大提升。

🌴 **我的反思**

在"我为你点赞"的活动开启后，幼儿更加善于发现同伴的优点，也从同伴的口中看到了自己的闪光点。一个不经意的善意之举、一个举手之劳的帮助、一句暖心的问候，都被孩子们记在了心里。当这些优势被幼儿发现后，班级中的暖心事例也在逐渐增多，幼儿之间的距离也在不断拉近。孩子们在此过程中感受到了爱，表达出了爱，也学会用同伴乐于接受的方式巧妙地把爱传递了出去。他们渐渐打开了自己，也逐渐被班级这个小社会所接纳、认可，他们从中获得了自信，感受到了被人认同的快乐，同伴关系也得到了稳固提升。

故事三：独特的个性化展示区

随着"我为你点赞"活动的持续开展，孩子们对同伴的特长与闪光点了解得十分透彻，幼儿熟络起来后，当他们在遇到问题与困难时，他们逐渐从向老师求助转变成向同伴求助。

在一次过渡环节中，孩子们都在练习变魔尺，窝窝突然站起来径直走向伊伊："伊伊，我不会变魔尺，你能教教我吗？""当然可以啦！你想变什么？我可以手把手教你变，或者你也可以跟着我的视频学。"伊伊回应道。坐在一旁的端端听到后说："我也想学变魔尺。""我也想学！"玲玲附和道。"可以！但是学变魔尺需要比较长的时间，我什么时间教你们好呢？"伊伊说。"区域的时候怎么样？"端端建议道。"好！"伊伊答应说。于是，在区域时间，伊伊的身边便围了七八个想跟她学变魔尺的小朋友。他们围坐在伊伊身边，伊伊做一步，他们学一步，十分融洽。当天放学时，我就把伊伊在班级中教小朋友变魔尺的事情跟伊伊妈妈进行了分享。第二天，伊伊妈妈就让伊伊自制了一个变魔尺的步骤图册带到了幼儿园。小朋友们看到伊伊带来的册子很好奇，都想跟伊伊去借这本图册看。后来，为了让所有小朋友都看到图册中的内容，伊伊决定把图册留在班里，并拆开粘贴在墙上，这样，小朋友们就都能看到了。为了方便讲解、教学以及小朋友们学习，伊伊在粘贴完步骤图后还搬来了小方桌和小椅子。因为事先知道伊伊妈妈经常会在网络平台上上传伊伊变魔尺的视频，因此，除了伊伊的自制图册外，我们在魔尺区还为幼儿提供了 iPad，供幼儿自主学习。当然如果小朋友有新的创意，也可以用 iPad 进行记录，促进幼儿间的相互学习。这样一布置，伊伊的"百变魔尺分享角"也就此形成。"百变魔尺分享角"一经开启，瞬间吸引了很多小朋友前来学习，孩子们从最开始只能一味地向伊伊请教到后期能够相互分享、交流自己变魔尺的好方法，在此过程中，孩子们变魔尺的水平均有了大幅提升。在一来一往的交流互动中，孩子们也建立起了深厚的友谊，他们不仅会在区域中一起分享、探讨，而且会在其他时间一起交流、分享。

"小老师"的角色慢慢吸引更多的小朋友，越来越多的幼儿愿意向他人展示自己的特长与本领，我们班的个性化展示区也在渐渐增多。除了伊伊的"百变魔尺分享角"和豆豆、媛媛、杨杨的"艺术长廊"外，后期我们还应幼儿需求开设了兜兜的"拼插天地"、小安的"我是故事大王"、棉棉的"美工小作坊"、皮皮的"科学实验基地"、大骏的"神奇建筑"，等等。自从开设了个性展示区后，我们发现幼儿不仅综合能力普遍提升了，而且发现问题、解决问题的能力也有了质的飞跃。孩子们在不断地展示与交流中发现了新的自己，在看到自己的进步与成长和来自同伴的肯定与认同后，孩子们变得越来越自信，自我认同感也获得了很大提升。

我的反思

"个性化展示区"的创设让幼儿在教与学中能够不断刷新对自我的认知，

并获得自我认同感。孩子们在活动中逐渐接纳了自己，同时也渐渐接纳了别人。内向的幼儿变得不再胆怯，慢慢放开了自己，变得开朗、健谈了起来，本就外向的幼儿也变得更加自信、自主，他们更加愿意在他人面前进行表现与分享。因此，孩子们在活动中不仅发掘了"独特的我"，也获得了内在的满足。此外，个性化展示区还为幼儿之间提供了独特的交往和交流机会，孩子们不但展示了自己，增强了自信，社会交往能力也得到了很大提升。

每一位幼儿都是独一无二的，他们都是一个个闪闪发光的个体，都有自己与众不同的爱好和特长。教师只要为他们提供适宜的条件和机会，他们就能够充分展示出自己独有的个性，并且在其中体验到成功与快乐，从而更好地建构自我、完善自我，在自我认同中变得更加耀眼、闪亮。

（张景涵）

做自己最快乐

故事背景

中班幼儿已经开始逐步地感知到自我，开始学会自己的事情自己做，慢慢地开始关注自己的爱好和自己喜欢玩的游戏等。虽然幼儿有了初步的自我意识，但是在这个阶段自我意识还比较模糊，也没有意识到自己的独特以及和别人的不同之处。因此，我们结合孩子的年龄特点，通过营造有归属感的班级氛围，以各种活动为途径让孩子们认识自己，感受自己与他人的关系，自信且有归属感地生活在有爱的班集体中。

故事一：我想像他们一样……

"有一只小猪，它总是说当一只小猪太无聊了，还是找一点有乐趣的事情做吧。"于是小猪开始尝试着变成长颈鹿、斑马、大象、鹦鹉……《小猪变形记》里的这只小猪就像孩子们一样，觉得别人的优点总比自己好。当老师和孩子一起读这本书时，孩子们产生了很多共鸣。她们觉得小猪变成长颈鹿、斑马、大象的过程很有趣，因为长颈鹿有长长的脖子，可以吃到高高树上的树叶；因为斑马身上的条纹很好看；因为袋鼠可以跳得更高。孩子们站在小猪的立场发现小猪变身的原因，也都纷纷说着："我也想像袋鼠一样跳得很远。"孩子们觉得小猪变身的想法是对的。于是，我提出一个问题："如果是你，你想变成谁？"

豆豆："我想变成大熊猫，大熊猫是国宝。"

乐乐："我想变成恐龙，高大威猛。"

朵朵："我想变成一只蝙蝠侠。"

孩子们带着对这些动物优势的认识，发现它们的优点。这是幼儿站在小猪立场的畅想。反观日常中的幼儿，他们确实也倾向于关注他人的特点和优点。于是，随着《小猪变形记》的故事，孩子们和小猪一同开始了自我认知的旅程，想象着成为自认为了不起的小动物，通过身体模仿、体育游戏，感受这些小动物最突出的优势。

我的反思

《小猪变形记》这本书的情节发展有鲜明的节奏性和规律性，内容有趣并富有创造性。故事主人公小猪觉得自己是一只小猪没什么意思，它觉得自己没有优点，不像袋鼠、鹦鹉、斑马等这些小动物那样拥有了不起的特点，它很羡慕这些小动物。这个题材的绘本非常符合中班幼儿自我认知的心理特点，小猪如同中班幼儿的化身。它能够帮助在自我认知过程中迷失方向的孩子们坚定地爱自己，正面认识自己，是一本对建立自我认知很有帮助的启蒙性读物。

当幼儿初读故事的时候，他们真的会像故事中的"小猪"一样兴奋地说出这些小动物的特点，也想拥有自己不能拥有的特长和本领。因此，对于幼儿自我认知的教育，教师可以先从顺势而为入手，站在幼儿的立场，从幼儿心理的角度以有趣轻松的话题入手。

故事二：我和别人不一样

在阅读《小猪变形记》这本书时，孩子们会一边翻看一边说：

糖糖："小猪踩着高跷了，他想像长颈鹿那样高。"

辰辰："小猪真逗，他用长管子当大象的鼻子，用叶子当大象的耳朵。"

默默说："我发现他并不能真的像袋鼠一样跳，因为他是用弹簧假装的。"

金果说："小猪并没有真的成为斑马，因为是使用颜料涂上去的。"

……

从孩子们的阅读发现中能够感受到，孩子们在将自己的读图理解与自己的经验相结合，去发现画面中的寓意，发现自己感兴趣的部分，用看到的图画进行推理和分析。从孩子们的表述中已经能够感受到他们实际上已经看到了现象背后的本质，也为小猪的滑稽装扮和不切实际的幻想哈哈大笑。

在阅读中，我们一同思考：为什么小猪的变身计划都失败了？幼儿通过深度阅读，从书中寻找到了答案。

老师："为什么大象一喷水，小猪的黑白条纹就消失了？"

可乐："因为它本来就没有真正的黑白条纹。"

老师："为什么小猪会从树上摔下来？"

天天："因为它根本就不是带翅膀的动物。"

乐乐："因为它就不是袋鼠，所以根本不可能像袋鼠一样跳跃。"

孩子们从小猪屡次变身失败中发现一个道理：小猪不可能真的变成这些小

动物，怎么变都是假的，因为它就是一只小猪。

说到这里，我带领孩子们玩了一个角色体验游戏。我出示了书中小猪变成大象的道具——长管子和两片树叶。"谁来试一试小猪变成大象的样子？"我问。几个孩子纷纷上前来，将长管子套在鼻子上，用松紧带勒着头把大叶子挂在耳朵上。我们一起发出口令"走一走""跳一跳""请你说句话"……果不其然，没跳几下，叶子就掉了，长长的大管子挂在了鼻子上。

大家问："是什么感觉？"

几名体验的幼儿说："吸气闷闷的""不方便说话""松紧带勒的脸都疼了""大叶子挂在耳朵上很不舒服。"

我问："自己的鼻子、耳朵好，还是这个道具好？"

孩子们回答："自己的好。"

我追问："变成大象好，还是做自己好？"

孩子们说："很好玩，但还是我自己好。"

孩子们意识到，即使再羡慕别人，再想变成别人那样，也不会真的快乐，因为他人与自己是不同的。

教师："做一只小猪，有什么优点呢？"

朵朵："小猪胖乎乎的，很可爱。"

娜娜："小猪能吃能睡身体好！"

布布："小猪可以在泥潭里打滚，还不觉得脏。"

哇！看来当一只小猪也是很快乐的，小猪也有这么多与众不同的优点呢！孩子们正是在阅读理解与积极思考中感受到了自己与他人的不同，学会发现自己的优点，尝试接纳自己与他人的不同，并且能够慢慢学会爱自己，成为小小的"乐天派"。

我的反思

为了加深幼儿的理解和体验，教师让幼儿边玩边体验。当幼儿真的体验到小猪变身的过程时，说出了这样的感悟——假扮成别的小动物虽然很好玩，可是它不是自己身体的一部分，还是自己的最好。就这样，幼儿一边体验着做他人的有趣，一边在体验中思考——即便模仿成别人，自己终归与他人不同，他人的特点无法替代自己的独特之处。在一个简单的游戏过程中，孩子们有移情、有思考，也有发现他人优点的尝试。这些活动让孩子更好地与故事进行互动，更好地去走进故事，更好地去体会人物情感。

故事三：闪亮的我

有一次，几个在表演区的小朋友一起排练节目，金果手中的快板怎么也跟不上大家的节奏。但是金果没有着急、没有哭，她说："你们慢一点，我有点打不好，跟不上你们。"于是，我鼓励紫凝对金果进行一对一地帮助。在两个人反复练习的过程中，以往自尊心很强的金果一遍遍地耐心学习。她露出笑容对我说："紫凝节奏准，她教我；我朗读得好，我教她。我们俩都好。"看到金果的变化，我非常感动，想不到一本书改变了孩子对自己的认识，让金果对自己产生了积极的认同感。孩子们意识到，我们不能像小猪那样总是羡慕别人的优点，也要看到自己的优点。

是的，我们自己也有很多的优点，具体是什么，生活中很少去关注。那就让我们从关注、寻找自己的优点开始吧！为此，班级通过"闪亮的我""我的精彩瞬间"等活动来一起帮助幼儿寻找自己的优点。每天孩子们都会有一个"点赞"时刻，教师鼓励孩子们把自己这一天里最棒的一件事情和大家分享。幼儿尝试着发现自己每天的一点点进步，并且能够把自己的进步大大方方地说出来。虽然很多都是发生在游戏中，但是也能感受到孩子们都在慢慢地关注到自己。

🌴 我的反思

教师通过一系列活动让孩子们乐于表达，乐于抒发自己的情感，向"里"发现自己最棒的事情，向"里"关注自己的改变。正是在这种以图画书为支撑的自我认知主题活动中，通过故事的推进、阅读的理解、角色的互动、扮演的体验，幼儿一点点感受着认知自我、接纳自己、发现自己的情感意识，正确地认识自己。

云雾中的星星

🛸 故事背景

每一个孩子都是世界上独一无二的存在，他们都有着属于自己的色彩与光芒，只是有的星星在努力地发光发亮，有的星星躲在云雾里若隐若现，忽暗忽明。

"丁老师，我们班里有个孩子有些特别，你到时候一定得多关注着点他。我觉得我在他身上发现不到闪光点。"对于这个即将见面的陌生面孔——插班生毛毛，我有些期待，想要去探索他身上的一切特别之处。同时我的心里又有个大大的问号，我担心自己身上的光芒不足以照亮这个小小的他。

故事一：独特的你，是一颗小星星

这天早晨，一诺一边气冲冲地走过来，一边高声地说："老师，我的毛巾没有了！"我再三向一诺确认他是否在入园时拿了毛巾，他非常坚信自己拿了，于是"侦探行动"开始了。我赶忙走进盥洗室，碰巧毛毛在毛巾格旁把毛巾挂在了35号格子里。我询问道："毛毛，这是你的毛巾格吗？"他微微地点了

点头。"你是多少号？""我是 34 号。"他的手缓慢地抬起，指向了一旁的 35 号格子。显然毛毛并不认识自己的学号。我走到毛毛身边，牵着他的小手走到一边告诉他说："没关系的毛毛，每个人都会遇到困难，我们都不是超人。我陪你一起找学号。"然后我们一起在他的学号数字旁反复确认，并且做了一个只有我俩才认识的小记号帮助他记忆。往后的日子里，"侦探行动"越来越少了。

可是关于毛毛的"特别行动"不止于此，比如毛毛最爱的毛毛虫鞋总会在起床后左右脚穿反，我们一起帮助"毛毛虫找朋友"。还有因为毛毛身形矮小，身体协调性不足，所以跳绳游戏成为毛毛无法越过的"封锁绳"。每当出现此类情景，许多小朋友会围过来，说："毛毛你怎么不会呀？我早就会了，还是我来帮你吧。"可是他却嘟着嘴，一脸不开心地说："可我就是不会呀！我再也不想来幼儿园了。"每当看到毛毛的气馁和无助，我都会牵起他的手告诉他："没关系的毛毛，每个人都会遇到困难，我们都不是超人。但是我们每个人都有自己的光芒，就像天上的星星，虽然有时候看不到它们，但是你看，星河多么漂亮。"我打开了一张星河的图片，毛毛看得出神，睁大了眼睛问我："我也是星星，也有光吗？"我捧着他的小脸十分肯定地说："当然了，你看你在散发着光呢。"

🌴 我的反思

毛毛是一名自理能力不足且不自信的插班生。教师通过"侦探行动"和"星河图片"等方式，鼓励毛毛正视自己的独特之处，帮助他重拾信心，发挥自身的特长与优势。作为教育者，我们需要接受每个孩子的不同之处，以爱为圆心，以教育为半径，画出幸福的成长之圆。同时，营造一个温馨友爱的班级环境也非常重要，这有助于孩子们找回自信和快乐。在日常的生活和学习中，我们应该帮助孩子们正确面对他人的评价，了解每个人都有自己的长处与不足，人无完人。

故事二：你在我心中有着特别的光芒

"今天老师为小朋友带来一本有意思的绘本，叫做《我的梦想》。"阅读结束后老师问："如果你有魔法，你想变成什么呢？"小朋友们各抒己见，有的说："我想变成糖果，希望每天都开开心心。"有的说："我想变成宇宙飞船，在太空里航行。"这时候毛毛说："我想变成最厉害的病毒。"还没等他说出原因，小朋友站起来说："病毒是坏东西，你要变成病毒，我们就不喜欢你了。"毛毛大哭着说："我不要变病毒了，我不变了。"后来我悄悄地问他变成病毒的原因，他委屈地说："我想变成最厉害的病毒，把所有病毒都打败，这样就可以保护大家，不生病了。"听了毛毛的话，我更加坚信：毛毛在我心中有着特别的光芒。

通过和毛毛家人的沟通，我了解到毛毛的妈妈是一名护士，毛毛从小对医学知识耳濡目染，知道许多关于细菌病毒的知识。我鼓励毛毛将这天发生的"病毒事件"画下来，编成了故事，重新讲给小朋友们，并问道："孩子们，你们喜欢'病毒'小朋友吗?"佳宝说："我喜欢，因为他不会伤害我们。"圆圆说："我也喜欢他，因为他是好病毒。"我又问道："这个故事就发生在我们班。你们还记得吗?"佳宝说："我记得，这个'病毒'小朋友就是毛毛。"孩子们都看向毛毛，说："毛毛你真好，你是一个好'病毒'。"孩子们纷纷夸赞毛毛，毛毛不好意思地挠挠头说："谢谢。"

此后，我们还在班级的科学区为毛毛创设了"毛毛小课堂"的个性展示区，邀请毛毛为小朋友们介绍医学小常识和简单的"霉变"小实验。时常能从孩子们的口中听到："毛毛，你好厉害啊，知道这么多知识。"毛毛也不负众望，总是能带给我们惊喜，每次都会说："还有更有意思的呢! 请期待吧。"

🌴 我的反思

故老师通过绘本阅读活动，引导孩子们理解和接纳想变成"病毒"来保护大家的毛毛。老师鼓励毛毛用绘画和故事的方式表达自己的想法，并为他创设展示自我的机会，让孩子们更加了解和喜欢毛毛。在日常，要尊重和倾听孩子的想法，为他们提供自我表达的机会，营造温馨友善的班级环境，帮助孩子们建立积极良好的自我形象。

故事二：每个人都能成为一颗闪耀的星星

毛毛在逐渐地融入班级，也慢慢地被小朋友们接纳。但是在户外运动中，他总是充当一名"小观众"，他担心摔倒、受伤，也害怕太累。小小的独木桥也变成了一座无法逾越的高山。这天，有一个小小的身影伫立在阳光下看着玩耍的小朋友们，没错，就是毛毛。看他犹犹豫豫，我便向他发出了邀请："毛毛，你想来这玩吗?"他看了看我，转过身去。看到他的犹豫，我决定再向前一步，主动走到他身边蹲下，轻轻牵起他的手询问："你要不要一起来玩，可有意思了。"他嘴里小声地嘀嘀咕咕："我不想去，这些我都不会，我害怕。"这时候我转身邀请呱呱，小声对他说："毛毛遇到了一点点难题，你愿意帮助他吗?"呱呱点了点头，走到毛毛旁边说："毛毛我们一起玩吧?"然后牵着毛毛的手慢慢地走独木桥。开始毛毛有些慌张，一直不敢迈步，一只脚踩在地上，一只脚踩在独木桥上。"毛毛加油，我在保护你，别怕!"我鼓励着他。毛毛也逐渐放开了自己，两只脚在独木桥上缓慢着挪动着。"毛毛你走得好快呀。"呱呱称赞了毛毛的表现。毛毛终于开心地笑了起来，不断地尝试平衡木的游戏，最终突破了自己，开始左右脚轮换向前迈进。他走到我的身边说："丁老师，我会走了，我很棒吧。幼儿园里的玩具真好玩!""是的，你很棒。"

这是我第一次听到他说"我可以，我很棒"。

🌴 我的反思

老师通过游戏活动，鼓励和引导内向、胆小的孩子毛毛逐渐克服恐惧，尝试新事物，建立自信心。老师主动邀请毛毛参与游戏，给予他支持和鼓励，让他感受到集体的温暖和关爱。最终，毛毛在老师和同伴的帮助下，成功地挑战了自己，体验到成功的喜悦，变得更加自信和勇敢。生活中，老师要关注每个孩子的个性和需求，采用适合他们的教育方式，帮助他们克服困难，发掘潜力，成为更好的自己。同时，老师也可以通过各种活动和游戏，营造积极向上的班级氛围，培养孩子们的团队意识和集体荣誉感，让每个孩子都能在集体中找到自己的位置，发挥自己的价值。

（丁萌）

第二章　人我关系之乐

"有朋自远方来，不亦乐乎？"

——孔子

（一）人我关系概述

1. 何谓"人我关系"？

"人"与"我"对称，主要是指自我以外的他人、别人。"我"这一语辞，是把自我杂置于众人之中的自称（焦国成，1989）。人我关系，即自我与他人的关系，突出人际关系、社会关系。

2. 人我关系对幼儿发展的价值

幼儿自出生起就处在人我关系之中，出生之后，随着交往对象的增多，关系会变得更加复杂多样。首先是血脉相连下的亲子关系，其次是同伴关系，再次是教育场域中的师幼关系。关系不仅是幼儿成长的环境，而且是幼儿成长的教育资源，因此通过亲情、友情和师生情谊，能够逐渐发展幼儿珍爱自我、关爱他人的能力。

正确处理人我关系，一方面能够帮助幼儿克服自我中心思维，学会设身处地地了解他人的感受；另一方面能够提高交往水平，在交往、互动中产生愉快的交往体验，形成亲社会性行为，进而学会共同生活，形成和谐的社会关系，促进其社会性不断完善并奠定健全的人格基础。

3. 人我关系维度的课程目标——友好乐群

在人我关系维度下，我们希望幼儿能够进行友好的人际交往，形成对群体、群体生活及我群关系积极的感受、态度和行为。

从"友好乐群"课程目标在不同年龄阶段的具体表现上看，《指南》社会领域中的"人际交往"和"社会适应"两个子领域共有 7 条，指向了幼儿的具体表现。如在"人际交往"中目标 1 是"愿意与人交往"，目标 2 是"能与同伴友好相处"。《指南》社会领域的相关内容为育爱课程目标的设置与幼儿年龄特点的对接起到了指引作用。

从"友好乐群"课程目标的实践路径上看，根据《纲要》和《指南》的要求与建议，我们认为幼儿与成人、同伴之间的共同生活、交往、探索、游戏等，是其社会学习的重要途径。要创设一个能使幼儿感受到接纳、关爱和支持的良好环境，为幼儿提供人际间相互交往和共同活动的机会和条件，结合具体情境，指导幼儿学习交往的基本规则和技能，引导幼儿尊重、关心身边的人，用平等、接纳和尊重的态度对待差异。

4. 人我关系维度的三方面课程内容

我们从"交往之乐""感恩之心""美德之引"三个方面深入开展多种活动，涵盖了社会认知、同伴交往、中华美德、文明礼仪、欣赏教育、感恩教育等关键经验，使孩子内心爱的种子萌发、生长。

内容一：交往之乐

育爱课程内容中的"交往之乐"，着眼于培养同伴交往、师幼交往过程中的人际沟通、合作、领导力等。主要涵盖了不同社交主体之间交往的情绪感受、方法技巧等，包括幼儿与同伴之间、小组之间、师幼之间的合作、冲突解决、信任、分享、谦让、协调、归属感等。

内容二：感恩之心

"感，动人心也；恩，惠也。"（《说文解字》）即感恩为感怀恩惠。知恩图报不仅是国人的千年古训，更成为我们做人的基本准则。何安明、刘华山（2012）把感恩的理论定义界定为个体在认识到施恩者所给予自己的恩惠或帮助的基础上产生的一种感激并力图有所回报的情感特质，是知、情、行的有机统一，是一种积极的、具有道德意义的人格特质；把感恩的操作定义界定为即时性或持久性感知和体验、表达和回报他人、社会及自然恩惠的情感特质。

幼儿的感恩品质由感恩认知、感恩情感和感恩行为三个成分构成，三者相互影响、相互促进（田涛，2014）。在他人的引导下，学前初期幼儿能表现出简单的感恩行为，如在家长提醒下对他人的帮助道声"谢谢"，这是一种他律的感恩行为。到学前后期，由于幼儿已能独立进行简单的感恩判断，感恩情感也具有相对稳定性，他们在面对别人的帮助或恩惠时常常会自发地感恩。结合感恩的概念和学前期幼儿的具体表现，育爱课程内容中的"感恩之心"，着眼于在具体的生活情境中引导幼儿做出恰当的感恩判断，激发幼儿的感恩情感，从而愿意理解、给予、付出和奉献。主要涵盖了对身边人、幼儿园、社会、祖国等不同群体的感恩等，并掌握多种表达、传递感恩的方式方法。

如何让幼儿具备"感恩之心"呢？感恩行为是一种典型的亲社会行为，需要感恩意向的激发。家长和教师要从幼儿日常生活的点滴细节中渗透感恩品质的培养，如可以通过和幼儿一起翻阅照片、讲幼儿成长的故事等，让幼儿感受到家庭和幼儿园的温暖，对养育自己的人产生感激之情。幼儿社会学习的特点是模仿、同化、体验、强化。一方面，在自己获得孩子的帮助时要表示感谢，从而通过身教的方式让孩子学会感恩。另一方面，在孩子需要帮助并获得他人的帮助或恩惠时，如果孩子没有表达谢意，家长或教师需要提醒他们，通过他律的方式让孩子学会感恩。如果孩子表达了谢意，家长或教师要及时予以鼓励和支持。此外，可以利用节日契机培养幼儿的感恩意识，如妇女节、母亲节、父亲节、教师节、重阳节等。还可以让幼儿发现日常生活中家人对自己的辛勤付出与浓浓的爱，比如调查"妈妈的一天"，发现妈妈的一天非常繁忙，很少有休息的时间。之后，孩子用自己的方式表达对家人的感恩之情。可以借助"我来当妈妈"等角色扮演让幼儿真切地体验到妈妈的辛苦，在体验中学会感恩。

内容三：美德之引

中华民族传统美德，是指中华民族五千年历史流传下来的，具有影响、可以继承、得到不断创新发展并有益于后代的优秀道德遗产。它标志着中华民族的"形"与"魂"。它也是我国人民两千多年来处理人际关系、人与社会关系和人与自然关系的实践结晶。美德之引，着眼于开展幼儿德育教育，培养幼儿良好品德品质，以适宜的方式实现爱的行为。针对各个年龄段幼儿的特点进行爱国、诚信、谦让、有礼、包容等良好美德的培养。

如何对幼儿进行美德教育呢？这需要教师灵活运用一日生活、游戏、节日活动、家园社协同、育人环境等多种途径进行教育。一方面，要在生活和游戏中发现教育的契机，将美德教育落实在一日生活中。另一方面，家庭是儿童道德品质培养的最初场所，幼儿园可以通过深度对话、集体活动、家庭计划等方式让家长真正参与到育人活动中。如家庭日活动，孩子可以与父母一起约定家庭日的主题，鼓励孩子在自己力所能及的范围内，为家人服务，培养责任感等。家园协同开展美德教育，才能达到事半功倍的效果。

（二）交往之乐

爱的邮递箱

故事背景

"当，当，当""谁呀？""我是送信的邮递员呀"……相信许多小朋友都玩过"送信"这个经典游戏。但是近些年有许多专家、学者质疑这个游戏是不是离孩子的生活太远了，孩子们能理解什么是邮递员吗？还有多少现代人会使用书信呢？当我带着这些问题与孩子游戏时，我们发现了游戏中更加符合新时代的价值与意义，并通过一系列活动挖掘游戏的无限可能。

故事一：我好想你

福宝是一个非常积极、乐观、喜欢和小朋友一起做游戏的孩子。但是家里突发的变故使他变得敏感，在幼儿园午睡时常常会哭着醒来，大喊着找奶奶。福宝因为生病，很长一段时间没有来幼儿园。老师们不禁担心福宝会对家人更加依赖，甚至在集体中有一些退缩。

这天，我听到小水儿问辰辰："福宝怎么这么久都没来幼儿园呢？"辰辰摇了摇头说道："我也不知道呀。"小水儿接着问道："他是不是生病了呀？"辰辰又摇了摇头说道："我还是不知道呀。"一来二去，小水儿更加关心福宝没来幼儿园的原因了。看着她关心的神态，我走上前主动告诉她："小水儿，你是很关心福宝吗？"小水儿认真地回答道："是的，我想福宝了。""嗯，福宝如果知道你这么关心他，他一定很高兴。"小水儿点点头然后有点困惑地低下了头。我紧接着问道："怎么了小水儿？"小水儿小声地说："怎么才能让他知道我们都很关心他呢？"突然，她信心满满地对我说："我知道了！我要给他写一封信！"没等到我的回答，他就美滋滋地给福宝写信去了。他先画了一颗大爱心，然后认真地想着福宝的样子画出了福宝……后来我请小水儿把他的想法和小朋友分享，大家约定设置一个爱的邮递箱。怎么才能知道这个信是给谁的呢？我和孩子们一起了解了信的封面，要写上收信人和寄信人，收信人可以用学号代替名字。孩子们都觉得写信很有意思，越来越多的小朋友参与进来。

日子一天天过去，福宝收到的信越来越多，我们终于等到了福宝的回归。在福宝来幼儿园之前，福宝妈妈还有一些担心，怕福宝这么久没来幼儿园会有一些不适应。当我把小朋友们关心福宝的话语与行动转述给福宝妈妈时，福宝妈妈哽咽地说道："福宝生活在咱们这个有爱的大家庭真的太幸福了，相信他一定很快就能适应了，我一点儿都不担心了。"我也和福宝妈妈约定好，先不告诉福宝这个小惊喜，等他来幼儿园的时候自己去发现。福宝来到幼儿园时，如果不仔细观察不会看出他的拘谨，按照往常一样有礼貌地向每位老师打招呼。我热情地对福宝说："早上好福宝，我们可想你了。"福宝害羞地点点头说道："我也想你们。"说完就快步走进教室，有条不紊地做着自己的事情。小水儿看到福宝来了，高兴地走到他的面前对他说："福宝，我好想你呀，你看我们给你写的信。"说完拉福宝来到了爱的邮递箱，指着写着福宝学号的收件箱给他看。小水儿紧紧盯着福宝的脸，期待着福宝的反应。福宝一边把信拿出来一边好奇地问道："这是什么呀？"小水儿回答道："这个是我送给你的信，上面画的就是你呀！"说完小水儿和福宝哈哈大笑起来。福宝津津有味地看完了小朋友们送给他的信，接着兴奋地跑过来问我："张老师，我可以把这些信带回家吗？"我笑着对他说："当然可以啦！"在分享时间，福宝主动谢谢所有小朋友们对他的关心，也决定给小朋友们写一封感谢信。就这样，爱的邮递箱中充满了小朋友之间的友爱。

🌴 **我的反思**

《指南》中指出："能注意到别人的情绪，并有关心体贴的表现。"当发现小水儿非常关心福宝的时候，教师通过引导帮助幼儿找到表达爱、记录爱的方式。充分利用班级中的物质环境，鼓励幼儿大胆表达。"爱的邮递"过程与真实的邮递有着相通之处，能够传递我们的想念与关心。孩子们通过写信的方式表达了自己的情感，用画笔记录下自己对福宝的关心，将爱具体化。整个过程洋溢着属于孩子们的趣味性、游戏性，是创意与想象的实践。寄信与收信的过程不仅拉近了孩子们之间的距离，让幼儿能更加直接地表达情感，也帮助他们在积极有效的情感表达中发现更加多样化的表达方式。当孩子找到解决办法时，教师能够遵循孩子的想法，充分相信孩子既不是一块白板，又不是事事全凭直觉的幻想家。他们会通过对日常生活的观察进行思考，遇到问题时结合自身的原有经验与推理，最终找到解决问题的办法。教师在此过程中充当了一名观察者、引导者，帮助幼儿记录点滴的爱。

故事二：神秘的好朋友

小羽在班里算得上是一个比较独特的存在，他对于自己喜欢的事物有着非比寻常的执着。从小班刚入园的时候，小羽就特别喜欢绿色和数字7，小羽妈妈还专门找过老师，想请老师把小羽的学号换到7号。小羽坐的椅子必须是绿色的，小朋友们按顺序拿椅子时，他会耐心地在旁边等，直到出现绿色的椅子他才会拿走。一旦被其他人抢先拿走，小羽要么冲上去抢回来，要么哇哇大哭。这样一个常常打破规则的小朋友，在生活中避免不了会和小朋友发生矛盾，并且班里的小朋友都觉得他的行为是不对的。在"爱的邮递箱"中，越来越多的小朋友收到了好朋友寄的信，可唯独小羽没有。慢慢地，小羽觉得自己在班里面没有好朋友。

直到有一天，我看到小羽在爱的邮递箱前静静地站了很久，走近一看，小羽手里拿着一封信，我问道："小羽，这是你今天收到的信吗？"小羽兴奋地举着信对我说："张老师，我收到信了！"我开心地回应道："恭喜你呀小羽，信上说了什么呢？"小羽认真地盯着信上的画犹豫地说道："我也不知道呀。""那我帮你看看吧。""好啊！"小羽大方地把信递给我，然后凑到我面前仔细地听着。"小羽你看，这上面画了一个小朋友在整理书，帮助小朋友们把书都放整齐了，真棒！"小羽若有所思地笑了笑，然后认真地问道："那是谁给我寄的信呢？""这个粗心的小朋友没有写上自己的学号，所以我也不知道是谁寄给你的。你喜欢小朋友给你寄的信吗？""喜欢呀！"紧接着我追问道："那你觉得小朋友为什么会给你寄信呢？""因为他喜欢我呗。""那你觉得当你做什么事情的时候他会喜欢你呢？""我也不知道。"小羽扭过头不时地用小眼神瞄着我。我笑着说："会不会是因为要表扬你做得好的行为呢?"小羽挠了挠头。我继续说道："你可以试一试，也许很快就会收到下一封信了。"小羽开心地点了点头，然后小心翼翼地把信揣进了裤兜。能够看出来，小羽特别珍惜收到的第一封信，就连户外锻炼身体的时候都要时不时地摸一摸，看看信是否安然无恙地躺在他的裤兜里。

大滑梯是小羽最喜欢的户外游戏项目，每当开始游戏时，小羽就像一阵风一样跑过去。但是今天小羽开始学会谦让其他的小朋友，排队的时候也不急着向前挤。吃午饭的时候，小羽也会努力做到专心吃饭不挑食，就连桌面都比往常更加干净整洁了。从此以后，小羽常常会在爱的邮递箱前面徘徊，看看自己有没有再次收到好朋友给他寄的信。果然，小羽收到的信越来越多。在神秘朋友的鼓励下，小羽表现出愈来愈多友好的行为。老师们很快便发现了小羽的变化，及时肯定小羽的进步。小朋友们也开始接受小羽，小羽找到了越来越多的好朋友。但是直到现在小羽也不知道这个神秘的好朋友究竟是谁，你们猜猜这个神秘的好朋友会是谁呢?

我的反思

在孩子的世界中，父母、老师对他们而言至关重要，而与朋友的关系也是他们构成社会关系的重要组成部分，并且在他们的生命中会起到越来越重要的作用。因此，教师要重视幼儿对于同伴交往的强烈需求，帮助幼儿学习建立同伴关系，处理同伴冲突，维系同伴感情等。

相信大家能够猜到这个神秘的好朋友就是老师扮演的。由于小羽自身的性格特点，往往向小朋友们发出的交往信号没有被同伴捕捉或破解，导致他在与同伴交往的过程中存在各种困难与问题。在了解这一点后，教师以神秘好朋友的方式进行介入，为小羽创造了一个安全的人际交往环境。同伴的赞美和肯定产生了正强化的作用，促使小羽的行为发生转变，并且让他按照自己的速度逐渐进步。

（张晓萌）

快乐大带小

故事背景

新学期开学了，整天梦想着成为大班哥哥姐姐的孩子们终于梦想成真了。到了户外活动的时间，孩子们刚刚走到操场，就听到了此起彼伏的哭声。"是谁在哭呢?"一名小朋友问道。"是弟弟妹妹，今天是小班弟弟妹妹第一天上学。"孩子们的一问一答吸引了全班孩子的关注与讨论。

故事一：哥哥姐姐初体验

大班的小朋友在看到弟弟妹妹哭闹的情况后非常担心，特别想帮助弟弟妹妹。于是在老师的支持下，孩子们充满期待地来到了小班。推开门，看到弟弟妹妹正在痛哭，大班的哥哥姐姐们突然不知道应该怎么安慰他们。看到原本热情满满的孩子们变得一脸茫然，老师笑着鼓励道："哥哥姐姐们加油呀，你想怎么帮助他们呢？"在老师的提示下，果果走到了正拿着水杯坐在小椅子上痛哭的小妹妹面前，轻轻地对小妹妹说："别哭了，别哭了。"但是小妹妹没有理她，继续哭。果果继续温柔地说："别哭了小妹妹，你想喝水吗？"小妹妹仍然没有理她。果果拿起水杯，想要喂妹妹一口，结果妹妹一把推开果果，哭得更厉害了……另外一旁的棠棠也开始了行动，她选择了一个抱着老师的小弟弟。弟弟边哭边大声喊："我不想！我不想！"棠棠对弟弟说："你怎么啦？想要什么呢？"弟弟看她一眼，并没有理她。20分钟过去了，弟弟妹妹仍然在哭，大班的哥哥姐姐们也变得束手无策，最后沮丧地回到了自己的班级。

🌴 我的反思

《指南》中提出：大班幼儿要能关注别人的情绪和需要，并能给予力所能及的帮助。经过两年的幼儿园时光，大班的小朋友摇身变成了生活小达人，能够自己的事情自己做，"自我服务"已经不能使他们继续获得满足了，他们渴望通过帮助别人做一些事情来展示自己获得的技能。本次活动便是一个非常难得的契机。

升入大班的孩子对新入园的弟弟妹妹特别关注，孩子们怀着一腔热情，想用自己的行动帮助弟弟妹妹缓解哭闹的情绪。但是事实却出乎所有小朋友的预料，面对弟弟妹妹，他们不知道应该怎么做，当下的他们也想不出任何办法。为此，我们开展了"快乐大带小"的主题活动，孩子们根据弟弟妹妹的表现，结合自己的生活经验进行了热烈的讨论。在帮助小班小朋友克服分离焦虑的过程中，他们也感受到了作为大班哥哥姐姐的光荣感以及爱护弟弟妹妹的责任感。

故事二：弟弟妹妹为什么哭？

通过接触，大班的哥哥姐姐更想去帮助弟弟妹妹们了，于是，我们在班级中展开了热烈的讨论。果果说："弟弟妹妹会哭，是因为想妈妈。"麦麦说："弟弟妹妹在哭，是因为不会玩，玩起游戏就不会哭了。"棠棠说："弟弟妹妹哭一会儿就好了，等会儿就不哭了。"蛋蛋说："我小班的时候会哭好久，只有吃饭的时候才不哭。"

那真的像小朋友们理解的这样吗？小朋友们自发组成小记者团，带着困惑来到了弟弟妹妹的班级中，通过采访、记录的方式进行了深入的调查。

进入班级后，大班孩子拿着自己的采访记录纸来到弟弟妹妹面前，对着她们说："你们为什么哭啊？"小朋友们仍然只顾着哭，没有理他们。无奈的哥哥姐姐们只能去问小班老师："老师，他们都不理我们，他们为什么哭啊？我们得知道他们为什么哭，才能帮助弟弟妹妹。"小班老师："有很多的原因，比如那个拿着照片的小朋友就是想妈妈了，他每天来园时会哭得特别严重。"大班小朋友都记录了下来。老师接着说："还有那个小朋友，玩上玩具之后就不哭了，之前哭得可严重了。"……

活动结束后，孩子们争先恐后地汇报自己的调查结果，并请老师帮忙记录下来，如：

（1）小班弟弟妹妹只有在早晨的时候哭得最厉害；

（2）小班弟弟妹妹自理能力不强，不会挂衣服、穿衣服等；

（3）小班弟弟妹妹在区域游戏中也有哭泣的情况，很多玩具不会玩。

在调查过后，孩子们想要做些事情来帮助弟弟妹妹。于是在班级中又展开了讨论，他们认为需要成立小组来有针对性地帮助弟弟妹妹，比如发现弟弟妹妹在早晨的时候会哭，可以成立"爱心天使"组哄弟弟妹妹等。大班小朋友根据自己的特点和特长加入了小组，具体的小组计划如下：

爱心天使组：每天早晨在弟弟妹妹班级门口用甜甜的微笑迎接他们，并准备一些小礼物，鼓励弟弟妹妹。

热心穿衣组：走进弟弟妹妹的班级，为他们提供穿衣帮助。在一段时间后准备穿衣教程，教弟弟妹妹穿脱衣服。

区域游戏组：每天上午来到弟弟妹妹的班级，陪伴弟弟妹妹玩游戏，并总结一些小方法，教弟弟妹妹。

🌴 我的反思

升入大班的孩子对新来的弟弟妹妹特别关注，他们提出要用调查的方法来探究事情的真正原因。我们的主题目标是希望通过探索、感知等体验，让孩子深刻地关注到身边的弟弟妹妹，从而引发孩子们的责任感。因此，我计划支持幼儿的想法，鼓励他们成为小记者，走入小班进行深入调查。

孩子们通过自己的观察与调查、倾听同伴的介绍，了解了以前不知道的事情，也真正从心底萌发了对弟弟妹妹的爱护之情，激发了内在情感。教师在孩子们的请求下，帮助他们梳理总结，可以让他们更加明确地了解孩子哭的原因，为下一步帮助小班弟弟妹妹提供明确的依据。

故事三：哥哥姐姐再出发

制定好计划后，大班的哥哥姐姐带着满满的信心又出发了。他们先请小班的老师将弟弟妹妹按照哭泣的不同原因进行分组。早已分好组的哥哥姐姐迫不及待地找到了对应小组的弟弟妹妹，认真地说出自己想要帮助弟弟妹妹的想法。紧接着，哥哥姐姐的行动就开始啦：有的哥哥带着小弟弟逛一逛班级，认识每个区的游戏，并带着一起玩一玩；有的大姐姐一直照顾着小妹妹，问小妹妹想不想上厕所、渴不渴，上完厕所后，大姐姐还耐心地教小妹妹提裤子；有的拿着自己总结的游戏好方法，一步一步地给小弟弟介绍；有的大哥哥在老师的陪伴下，带着弟弟妹妹来到操场上，为他们展示花样拍球……

第一天的游戏结束后，大班哥哥姐姐回到班级中争先恐后地分享着自己今天做了什么，在他的帮助下弟弟妹妹发生的一些变化。他们在激烈的讨论中制订好了第二天的计划，准备循序渐进地帮助弟弟妹妹。

到了第二天，我们的小天使组也开始行动。他们早早地来到门口，热情地跟弟弟妹妹打招呼，亲切地走上前去，拉着弟弟妹妹的手走进班，有的小朋友还认真地对家长说："您放心吧，今天我会一直陪着小妹妹，带她玩游戏。"

在活动开展的第三天，明显看到小班弟弟妹妹哭泣的情况减少了，来园后会拉着哥哥姐姐的手聊着天走到班级中。

活动过去将近一周，孩子们看到弟弟妹妹们开心的笑脸很有成就感，积极地参与到大带小活动中。

🌴 我的反思

在"快乐大带小"活动中，大班的哥哥姐姐关心他人、帮助他人的情感被激发出来，他们想要照顾、帮助弟弟妹妹。这也是跨班的同伴交往，营造了一种"两小无猜乐融融"的氛围，促进了幼儿合作能力和分享行为的发生。

陶行知先生曾提出"生活即教育"，在大带小的活动中，孩子们有了许多收获与成长。通过孩子们的热情与笑脸，我知道他们在此过程中都感受到了爱与被爱。有些平时依赖性比较强的孩子在活动中变得独立，责任感得到了增强。通过呵护弟弟妹妹，他们学会了关心他人，交往能力得到了发展，为以后的生活与交往奠定了良好的基础。

（宋有月）

朋友让我们成为更好的自己

🎏 故事背景

户外体测时，很多小朋友围住老师并向老师告状，他们不约而同地都提到了"小六打人"。而小六也一边挤在老师身旁一边哭喊着说："我没有！"此起彼伏的告状声和哭喊声打断了正常的体测。老师见状，先是摸了摸小六的头，告诉他"不要哭了，我们回班一起解决"，然后开始组织所有小朋友排队回班。

　　回顾近期对小六的观察，老师发现班里的小朋友对小六都持有比较排斥的态度。例如会听到小朋友说出"我不愿意挨着小六""这个玩具一定是他弄坏的"等诸如此类的语言。既然今天"小六打人事件"已经使小六成为众矢之的，那么老师就借由这个导火索，试着解开小朋友们对小六的刻板印象和心结。与此同时，将一个真实的小六带给大家，让小朋友们学会将心比心，接受不完美但善良的小六，进而帮助小六建立初步的归属感。

故事一：围圈畅谈

　　午饭前，老师请小朋友们围坐一圈，特意让小六挨着自己。老师先是提出了一个问题："小朋友们，你们觉得小六是一个什么样的小朋友呢?"几个小朋友踊跃地举手说出了自己对小六的消极评价和具体的冲突事件。小六也默认了自己之前做的错事，并且和小朋友们道了歉。接着老师又详细地了解了体测时候的具体情况，在听过"被打当事人"的阐述和小六委屈的解释后，"小六打人事件"以小六是被冤枉的结果而告终，小朋友们向小六道了歉，老师也告诉小六遇到问题要勇敢地表达自己的想法。虽然误会解除了，也接受了道歉，但是小六依旧低着头，不敢看大家。为了让更多的小朋友学会理解、共情、平等地对待他人，老师请了一个共情能力较强的小朋友分享了如果自己是被冤枉的小六的心情，小朋友描述得非常具体："如果我被冤枉了，我会很伤心，小六现在一定也很伤心，他都哭了。"在小朋友们都慢慢了解、体会小六现在的心情之后，老师举了几个小六帮助大家收椅子、给植物浇水、帮助老师叠毛巾的例子，从而让小朋友们认识一个不完美但是愿意为大家做贡献的小六。老师分享完，几个暖心的女孩子也纷纷说出了自己与小六之间发生的有爱的故事，如小六帮助琪琪捡起散落的玩具，小六帮助小朋友推重重的铁网等。小朋友们听了小六的暖心故事，都为他鼓掌，小六也终于愿意抬起头对大家微笑了。老师也及时地对小六表示了赞扬，并且告诉所有小朋友："每个人都会做错事，但是做错事不代表他就是一个坏孩子，我们应该拥有发现美的眼睛，懂得将心比心。"其实，班里的每一个小朋友都是善良的种子，我们应该多说好听的话，多说表扬的话，鼓励彼此成为更好的小朋友。

🌴 我的反思

　　当一名幼儿不被大多数幼儿所接纳时，他的一举一动都会被理解为在"做错事"。造成幼儿这种困境的原因一般是幼儿之前在班中的确伤害过他人，或者做过一些"错事"。当那些"错事"发生时，教师没有及时地积极引导，导致大多数幼儿对其产生了"只会做错事"的刻板印象。再加之，在家庭教育中，家长对于这种"总是做错事"的小朋友，一般采取的是放任不管的教育态度，更加剧了幼儿心中对此类小朋友的刻板印象。作为被刻板化的一方，久而久之就会发现没有人愿意和自己做朋友，感知到自己是被孤立的，自我评价逐渐消极化，渐渐丧失对于集体的安全感和归属感。

针对这些情况，教师采取了以下的措施。第一，安慰"被刻板化"的幼儿，给予幼儿安全感和解决事情的信心。第二，让幼儿聚在一起，以提问的方式帮助幼儿分析发生矛盾的真正原因，体会"被冤枉"的小朋友的心情，学习共情他人。第三，帮助"被冤枉"的幼儿学习在发生矛盾时，采取说出真实想法的办法来解决问题。第四，教师主动举例自己眼中"被刻板化"的幼儿做的好事情，引导更多的人说出该幼儿闪光的一面。在此基础上，教师进行分析和总结：做错事不代表是坏孩子，我们不能冤枉他人，我们要有一双发现美的眼睛，要学会将心比心。

故事二：我为你点赞

晚上离园前，老师和小朋友们玩了新游戏"我为你点赞"。小朋友们都热情地分享着自己看到或是听到的善举和好听的话。在老师和小朋友们的积极响应下，"点赞"活动慢慢地不再局限于在晚离园时间开展，而是在一天的任何时间中，你想给谁点赞，你就可以和小朋友或者老师说一说。一天，小爱跑过来对老师说："老师，我想给小六点赞，他帮助我把丢失的铅笔找回来了。"老师笑着说："你亲自去对小六说一说吧。"还有什么是比亲耳听到别人对自己的表扬更好的肯定呢。小六在听到了小爱的点赞与感谢后，露出了不好意思的表情，他勇敢地邀请小爱加入自己即将开展的游戏中，小爱也欣然同意了。

我的反思

从幼儿内在心理导向的角度来说，幼儿通过别人对自己的态度（表情、评价）来了解和审视自己，并且形成自我概念。消极的自我概念会导致幼儿不愿与他人和环境之间产生更好的联系，不愿与人交往并参加集体活动，抑制了归属感的发展。从外部环境控制的角度来说，第一是人际交往中的接纳意识，人际交往包括师幼、幼幼之间的交往。匮乏、不平等的互动无法建立和谐融洽的关系，从而导致幼儿无法获得集体的肯定与接纳。第二，班级的凝聚力也是影响幼儿归属感的重要因素，紧张、压抑的班级氛围会阻碍幼儿归属感的获得与发展。

在故事中，教师采取了"我为你点赞"的游戏方式，让幼儿学会发现他人身上的闪光点并且表达出来，加固矛盾发生后的积极影响。教师鼓励所有人随时点赞，当"被刻板化"的幼儿接收到他人的点赞时，他的内心了解到自己是被他人、被班级所认可的，归属感得到满足。同时，他也可以大胆表达出自己的想法，学习更好地与人交往，社会交往能力也在慢慢地发展。

（孙源）

"和解之花"在心中绽放

🌀 故事背景

在幼儿的一日生活中，冲突十分常见，有时是争抢玩具，有时是排队争第一。当幼儿发生冲突时，老师们常说"要道歉"，小朋友们也去道歉了。虽然从表面上看，剑拔弩张的局面暂时化解了，但是冲突真的没有了吗？

《南瓜汤》是一本小朋友们十分喜爱的绘本，书中讲述了三只小动物因为争抢勺子而发生矛盾，最后重归于好的故事。幼儿在游戏中出现冲突的情况是时常发生的，如何引导幼儿解决冲突是老师们一直探讨的话题。"和平谈判"是在众多研究成果中得到倡导的方法。然而由于幼儿的心理发展特点，中班幼儿更多关注自我而非他人。因此"和平谈判"并不能使幼儿同时关注对方和自己的感受，冲突无法深入解决。那么，该用何种形式支持幼儿自主解决同伴冲突呢？我们借助绘本《南瓜汤》开展了一系列活动。

故事一：道歉有用吗？

一次户外游戏中，佑佑固执地叫秋果扮演坏人，秋果坚决不同意，于是请求老师帮助。佑佑解释说："因为在我上小班的时候，秋果总是抢我的玩具，我觉得他应该扮演坏人。"秋果："可是我都给你道歉了。"佑佑说："光道歉有什么用。"

🌴 我的反思

儿童有自己的想法，不能把儿童当成低幼的大人，搪塞给他们一句"要道歉"并不能真正地解决问题。无法和解，就像是一个小小的裂痕存在于同伴友谊之间，有一天这条裂痕还会引发更大的矛盾。

故事二：该怎么和好呢？

为帮助幼儿解决交往中的问题，我们在班级中开展相关的活动。在好书分享的活动中，鲸鱼小朋友给全班分享了《南瓜汤》这个故事，有的小朋友认为是小鸭子的错，也有的小朋友认为是另外两个伙伴不沟通就动手的错，总之在小朋友眼里，这样的冲突是错的。当我问："既然它们都错了，为什么还能和好呢？"鲸鱼说："因为他们是好朋友啊。"昭昭说："因为他们还要一起做南瓜汤。"毛球说："当然要和好了，以后还要一起玩呢。"在小朋友们的回答中，我发现幼儿认为和好是非常必要的，但是当我问起小动物们是怎样和好的，小朋友们却没有给出回应。

🌴 我的反思

幼儿通过自主阅读绘本展开讨论。他们关注到绘本中的角色争抢玩具的冲突，并且一致认为发生冲突是错的。冲突发生后，幼儿也认为应该与同伴和好。这表明幼儿心中渴望与同伴友好交往，有积极面对同伴冲突的态度。但是当老师提出冲突如何解决时，幼儿却无法立刻给出回应。这也间接表明，幼儿当下还无法找到解决冲突的适宜方式，需要教师提供支持。故事中的角色发生冲突后选择"离家出走"，显然这是以回避的方式解决冲突，也是不可取的。不善于解决冲突的主人公以回避来面对，最终引起了同伴的慌张。这给幼儿带来了新的思考：该如何以更恰当的方式解决冲突，避免造成更加严重的影响呢？

故事三：故事表演，体验化解冲突的方法

我们根据故事情节开展故事表演活动。首先由幼儿自主结成三人小组，分别扮演小鸭子、松鼠和猫咪三个角色。教师担当旁白，以讲故事的形式引导幼儿表演。幼儿在老师讲故事时用肢体动作表演，以此体验故事情节的发展。

表演结束后我问道："在刚刚的表演中，你有什么样的感受呢？"小朋友们给出了许多不一样的答案。扮演松鼠的一诺说："我觉得很不开心，勺子本来就是我的，凭什么小鸭子要抢。"扮演小鸭子的秋果说："我也不开心，我只是想拿勺子看看，为什么不让拿。"扮演猫咪的昭昭说："我刚才表演得也不开心，明明在睡觉休息，为什么突然开始争吵，那声音很大。"通过小朋友的回答，我发现幼儿十分投入，他们将自己代入故事表演中，体会了故事角色的情感，也开始用自己的语言表达对于争吵的想法。接下来我向幼儿提出了假设性问题：如果你是故事中的角色，你会如何避免这场冲突呢？幼儿给出了很多答案。辰辰说："我会和松鼠说'你能把勺子借我一会儿吗？'"秋果说："被松鼠发现时我会跟它道歉。"佑佑说："我不会抢别人的勺子，如果我想要，我可以买一把新的。"在幼儿的童言童语中，我发现当幼儿进入故事情节后，他们会设身处地思考问题。在老师的假设性提问中，也促进了幼儿以"假如我是……，我会……"的语言形式回答问题。

🌴 我的反思

游戏是幼儿的主要学习方式，表演游戏是幼儿根据故事内容，扮演其中的角色，并运用语言、表情、动作等形式再现故事，它兼具表演性和游戏性。在表演中自主发挥，既能让幼儿获得表演的快乐，又能让幼儿在表演中体会角色的心情，理解矛盾发生的原因，找到解决矛盾的方法。体验式学习是幼儿园常用的方式，它符合幼儿通过亲身体验和实践活动获得经验的学习特点。

通过表演，幼儿开始换位思考，理解了小鸭子争抢勺子的原因，也发现小鸭子换个做法就可以避免争抢。幼儿还想出了许多方法，包括"你玩一会儿，我玩一会儿""互相交换玩具"等。

故事四：送你一朵小红花

故事表演丰富了幼儿对矛盾的体验，他们在表演游戏中为角色找到了解决矛盾的方法。那么在生活中发生争抢矛盾，又该如何解决呢？

菜单是角色区小餐厅的热门道具，在以往的游戏中，幼儿将菜单自然地划分为服务员的道具。这一天，圆圆是小厨师，瞳瞳是服务员。在瞳瞳放下菜单后，圆圆却突然拿起菜单，这让瞳瞳感到不满，立刻伸手抢回菜单。圆圆反驳道："我看菜单就在那里放着的。"瞳瞳瞪着眼睛很生气地说："菜单就是服务员的，你不能拿。"圆圆很委屈，眨巴着眼睛，含着泪水说："那给你就给你吧。"

随后，圆圆独自回到小厨房，胡乱地摆弄着桌面上的玩具。看到圆圆伤心的样子，瞳瞳思考了许久。瞳瞳率先说道："如果你来跟我商量一下，我就会把菜单给你。"圆圆立刻起身走过来对他说："我看看菜单就还给你行吗？"瞳瞳问："你看菜单做什么？"圆圆答道："我想做一个菜单上没有的菜。"瞳瞳爽快地答应了，把菜单递给了圆圆。圆圆看到菜单后有了新的想法，他做了一个水果蛋糕。瞳瞳十分惊讶："这还真是菜单上从来没有的。"他拿来一朵小红花送给圆圆，说："今天你是最佳厨师。"

在区域游戏分享中，圆圆和瞳瞳把他们今天做蛋糕的新鲜事儿分享给全班小朋友，大家纷纷为他们鼓掌。

🌴 我的反思

幼儿在前一阶段的表演游戏中体会到了冲突带来的消极影响，使得幼儿内心不愿意发生冲突，幼儿在表演后的讨论中也获得了解决冲突的方法。当类似的争抢发生在区域游戏中时，幼儿及时迁移了表演经验。当瞳瞳发现圆圆低落的情绪后，很快给出了"如果你告诉我为什么抢菜单，我就给你"的回应。也正是这句关键的回应，让圆圆和瞳瞳顺畅沟通起来。最终，两个小朋友和平解决了冲突，还收获了区域游戏的新作品和全班幼儿的掌声。

在幼儿的游戏、生活中，争抢玩具的情况虽然无法完全避免，但是他们可以将已有经验迁移过来。瞳瞳模仿着在前一阶段表演游戏中的方法主动提出商量的策略，这样谦让的品质值得肯定。同样，圆圆也能立刻转变做法，和谐地解决冲突。瞳瞳在交往中表现出的另一个好品质是肯定同伴的闪光点，当他看到圆圆做出菜单上没有的蛋糕时，便立即送上了小红花表示赞赏。这朵小红花更代表着两个小朋友之间的友谊，是他们和谐解决冲突的"和解之花"。

故事五：共创"和解花园"

我将瞳瞳、圆圆之间"和解之花"的故事分享给全班小朋友。小朋友们都认为，送花是一种表达喜欢和道歉的方式，于是我们在班级里创设了一个和解花园。

　　小朋友们非常喜欢圆圆做的蛋糕，毛球说："我也要给圆圆送花，她做了一个很漂亮的蛋糕，我觉得肯定好吃。"昭昭说："不，我要给瞳瞳送花，要不是他把菜单给圆圆看，圆圆肯定还没发现我们缺少蛋糕。"小朋友们七嘴八舌地讨论着要给谁送花，我问："为什么要送花呢？"刚刚还在讨论的小朋友愣了一下，昭昭拍着脑门说："老师，这你都不知道，当然是我喜欢瞳瞳这么做啊。"佑佑说："我爸爸就会给妈妈送花，他说是因为喜欢送花。"毛球说："我爸爸还会送花来道歉。"

　　原来，送花是一个表达喜欢和歉意的行为，芬芳美丽的花朵会给人带来愉悦的心情。这也激发了幼儿想要制作花朵的兴趣，他们纷纷来到美工区，发挥自己的想象，有的剪纸杯做花，有的用蜡笔画花。为了支持幼儿的兴趣，我还在美工区的墙上粘贴了多种纸工花朵的制作图示，方便幼儿模仿学习。很快，各式各样的花朵就摆满了整个展示架。

　　小朋友们抱怨美工区的展示架太挤了，自己的小花都没有地方放了。圆圆说："能不能找一个地方，把所有的花放在一起，我们做个小花园呢。"这真是个绝妙的建议，如果有一个专属的花园，小朋友们便可以随时来花园坐下休息、讨论了，漂亮的小花也会给幼儿带来更愉悦的体验。于是，我在班级中寻找一处角落，为幼儿创设了花园角，并将其命名为和解花园。和解花园的每一朵小花都被赋予了魔法，带着小朋友们温暖的善意，与同伴共情，达成和解，以温和的方式解决同伴冲突。

🌴 我的反思

　　教师在发现幼儿能够将表演经验迁移到生活中来时，及时进行表扬、正向反馈，加深幼儿对解决冲突策略的认知。同时，抓住幼儿的最近发展区，将个别案例延伸到全班，以小花为突破点，带动全班幼儿共创和解花园。支持幼儿在与同伴发生冲突时，来到和解花园坐下来沟通，并赋予这个花园特殊的含义——和解，提示幼儿来到这个花园，联想表演经验，联想瞳瞳送花的故事，最终形成自己的和解方式。

故事六：让"和解之花"在你我之间绽放

　　昭昭、秋果和鲸鱼三人是形影不离的好伙伴。然而有一天，他们却发生了冲突：昭昭和秋果都想让鲸鱼只跟自己玩。两人争执不下，谁也不理谁。鲸鱼说："那你们去和解花园里聊一聊。"昭昭和秋果来到和解花园后，两人也结束了"冷战"状态。秋果率先说道："因为我发现你最近总找鲸鱼玩，都不带上我。"昭昭解释道："那是因为我们都去同一个广场，你家不在那边。"听到昭昭如此回答，秋果沉默了，似乎明白是自己错怪了两位好朋友。昭昭又说：

"那这样吧，今天放学的时候，我们三个人去一个都很近的广场玩可以吗？"再次听到昭昭的话，秋果的眼睛仿佛亮了起来，说："行，晚上我让我爸爸看地图给咱们找地方玩。"当他们准备离开和解花园的时候，昭昭说："我们拿上几朵花吧，放学每人拿一朵去小广场。"

在和解花园的带动下，班里因同伴冲突而告状的现象越来越少，我也常常听到孩子们说"要不我们去和解花园坐坐吧"这样的话语，这样的和解形式已经融入小朋友的生活中。

🌴 我的反思

"和解之花"是和解的一种形式，是幼儿在表演体验后自发创新的一种形式，它代表着和解、善意与爱。在和解花园建立后，幼儿能够借助"花园"的力量，与同伴共情，进而友好协商，真正地化解冲突。同伴是幼儿生活学习中的重要部分，支持幼儿与同伴友好相处、恰当化解冲突，能够帮助幼儿巩固友谊，收获幸福，这也是作为幼儿教师的职业幸福感。

（任杰）

快乐的房车旅行小镇

🐚 故事背景

中二班的孩子们设计了房车旅行的角色游戏。一开始，孩子们都非常喜欢这个游戏，大家都积极参加。可是玩了一段时间后，孩子们发现玩的时候，游戏中只有参加露营游戏的小朋友，除了烧烤就没有其他的地方可以做事情了。大家想设计更多的游戏内容，于是玩房车游戏的小朋友拿着小喇叭大声地招呼："快来我们这里吃烧烤！"刚开始的时候，还有一些小朋友会到房车区去吃饭，而房车区除了睡觉，就只能吃烧烤，游戏的内容有点单调，来房车做游戏的人又渐渐地少了。孩子们作为游戏的主人，他们是否有能力解决自己在游戏中遇到的问题，处理好与同伴的关系呢？

故事一：孤单的房车旅游

于是，我们引导幼儿将自己的困惑提出来，请全体小朋友帮助房车旅游的小朋友一起想办法。依依迫不及待地说："我在放假的时候就和爸爸妈妈一起坐房车去旅行，我们去的露营小镇，可好玩了！可是我们班只有我们自己，都没有人和我们一起玩！"木木也附和道："对！我们去旅行的时候还可以去餐厅吃饭。今天我去找图图一起野餐，他就吃了一小会儿，就走了。"旅游组的乐乐也说："我和爸爸妈妈旅行的时候还买了云南的衣服，上面绣了好多花，挺漂亮的！我去美工区想买东西时，他们都做不出来！"多次被打扰的珊珊马上说出了自己的感受："老师，露营的小朋友太吵了！他们还总是打断我玩游戏。""可是我们来露营，都没有人跟我们玩！""那你也不能总是叫我出去玩呀，我的房车还没搭完呢！"　"我的生日蛋糕也没做完，我都没有时间做！"……随着孩子们七嘴八舌的议论，孩子们意识到旅游组的小朋友太缺少可以一起游戏的朋友了，可是其他组的小朋友又不愿意反复被打扰，孩子们一时不知该怎么办了。见此情景，我说："我们可以问问其他班的小朋友有没有办法。"孩子们顿时反应过来："我们可以邀请其他班的小朋友一起来玩吗？"我微笑着鼓励道："我们可以去试试。"孩子们高兴地欢呼了起来。于是孩子们主动到同年级组的其他班去邀请小朋友一起参加他们的房车旅行游戏，其他班的小朋友十分爽快地同意了。房车旅行区的小朋友高兴地欢呼："我们有一起旅行的伙伴了！"第一次打破班级界限的联合游戏初步达成。

🌴 我的反思

在近期的活动中，孩子们提出了游戏中的问题和困难，教师鼓励幼儿动脑筋思考解决问题的办法。中班幼儿的年龄比较小，他们只能想到短时间内在本班级解决问题的办法，无法从根本上解决角色区缺少交往伙伴的问题。作为教育者，我们全面考虑幼儿在游戏中的交往需求和独立探究的需求，引导角色交往区的幼儿打破班级小范围的社交圈，鼓励幼儿走出班级去邀请同伴，同时感受到其他班小朋友的友好和善意，初步体验到与他人交往的快乐。

后面的游戏如何开展，还需要我们密切地关注孩子们的游戏，认真记录、分析、反思，引导幼儿能够深入地开展游戏，不断丰富游戏的内容，帮助幼儿更加深入地认识、了解、扮演不同的游戏角色，大胆交往，在游戏中逐渐学习交往的语言、方法和技能。教师通过游戏活动，引导幼儿友好地和他人进行交流、沟通，学习尊重他人，感受到游戏的快乐、交往的快乐、友好的快乐。

故事二：房车小镇的诞生

第二天，中二班的旅行小组主动邀请其他班的小朋友一起旅行，其他班的小朋友也十分高兴地加入房车旅行的团队中。等到了旅行的地点后，孩子们游戏时又发现了新的问题。由于旅行的人数变多了，房车里的座位不够坐了。到了旅行的地点，忙着做饭的"妈妈"发起了牢骚："这么多人，我只有四个碗，要不你们先用吧！"房车旅行组的小朋友尽管心里有些不乐意，还是将椅子、餐具都让给了"客人"使用。在游戏的过程中，又出现了老问题，旅行除了吃饭、野餐、看书，就无事可做了，参与游戏的人数越多，这个问题就更加凸显。随着游戏时间结束的到来，孩子们匆匆收拾好游戏材料，不像刚开始游戏时那么开心了。于是，我们请各个班的小朋友说说自己游戏后的感受。中二班的孩子们纷纷表示：旅行的人多了，屋里更吵了；游戏的玩具也不够用；野餐时没有地方坐；房车太挤了……其他两个班的小朋友也纷纷表示：只能坐坐车、吃个饭，人太多了，没有地方玩……于是，房车组的小朋友又把烧烤架抱了出来。但是新的问题又出现了，班里本身就有一个占地面积比较大的房车，再支上两个帐篷就十分拥挤了，没有活动的空间了。小朋友们只能在帐篷中侧着身体行走，也玩不了他们想玩的更多游戏。

针对孩子们提出的问题，老师也做了记录和整理，精心设计好问题又抛给孩子们，引导幼儿一起思考：1. 玩的内容少，光玩烧烤没意思，还可以增加哪些内容？2. 班里游戏的地方小，材料摆不下，我们怎么办？3. 我们自己班里的材料不够怎么办？4. 怎样让我们的旅行变得开心、好玩起来？通过老师的引导，中一班的小朋友提出："我们班有小餐厅，是不是可以和房车旅行一起玩，这样旅游的小朋友就可以点餐，我们的小餐厅也能有小客人。"中二班的小朋友提出："露营帐篷要是能够摆到院子里就好了，院子里的地方很大，我们的房车也能真的开出去，就能邀请客人到帐篷里做客。"中三班的小朋友提出："我们可以把班级里的点心局有很多餐具，可以和露营的小朋友一起玩，这样大家都会开心。"在老师和孩子们的共同努力下，一个初具规模的露营小镇诞生在操场上。

活动的第一天，孩子们兴致勃勃地搬着自己班里的游戏材料来到了操场上，有小餐厅、甜品屋、露营帐篷、旅行房车。虽然刚开始，孩子们有些腼腆，但随着游戏的开展，交流越来越自然，小朋友们在游戏中逐步展现出自己的社交能力。活动后，孩子们纷纷表示今天的游戏玩得很开心。

🌴 我的反思

游戏是孩子们最喜欢的活动之一，在游戏中，孩子们可以充分地体验到快乐、自由和自主。我们教师要追随孩子的视角，满足幼儿的游戏需求，为他们提供真正自由、快乐、自主、可探究的游戏环境。

我们此次尝试以社会交往游戏为依托，从幼儿的游戏感受和体会为切入点，将教师、幼儿和材料、场地有机融合，资源共享，实现游戏性和教育性的统一。通过孩子的表现可以看出，孩子们最初没有想到打破班级界限发展游戏，老师发现了孩子们的游戏困惑和他们需要交往的需求，充分利用幼儿园的环境，精心设计提问，引导幼儿主动思考，打破班级界限，达到资源共享。

交往是幼儿发展的基本需求，也是幼儿应具备的能力之一，而社会交往游戏恰好为幼儿提供了机会和平台。我们在游戏中引导幼儿认识、了解游戏中的各种角色，在角色扮演的活动中，孩子们学习用游戏中的角色去进行交往，学习使用符合角色身份的语言去表达自己的需求。

故事三：改造房车露营小镇

在一次联合游戏后，我们和孩子们一起做区域总结时，中三班的孩子提出了自己的新困惑："我们想玩故事表演，缺少表演的排练场和舞台。"经过与幼儿协商，孩子们决定将点心局和小餐厅合并，在原来点心局的地方重新设计一个小剧场——星光小剧场，这样每个班都可以到小剧场来表演。《小熊请客》《小书童》《彩虹的约定》《金色的房子》古诗联唱、歌曲联唱……一个个精彩的小故事在小剧场里上演，一首首好听的歌曲在小院里响起。

为了促进孩子们更加有效的互动，解决孩子们在游戏中遇到的问题，促进交往中的友好行为，我们每周都会和孩子们总结一次联动游戏中好玩的地方和需要调整的内容。在一次总结中，牛牛提出："妈妈、爸爸带我去旅游，每次都会给我买当地的玩具和好吃的，咱们的露营小镇什么也买不到。""我上次去动物园玩，那里就有一个商店，可以买到海洋馆里的各种动物玩具，还有大熊猫，都特别好玩。""那我们也开一个小商店吧，就卖咱们这里的商品。"涛涛马上说出了自己的想法。"我们这里是房车露营小镇，应该可以卖房车玩具！"佳佳也表达出自己的观点。"对！我们可以卖自己做的房车，别的商店都没有。"随着联合游戏的不断深入，房车小镇特色品商店、自助提款机、剧场水吧相继孕育而生，小草帽、房车手提袋、房车小扇子、自制房车玩具等不断出现在纪念品商店中，孩子们的活动越来越丰富，交往越来越顺畅。

在一个学期的时间里，孩子们从最开始只顾自己说自己的，到逐步能够认真倾听他人的建议，在倾听中学会理解他人、与人交往。在期末的发展评估测查中，幼儿的社会交往能力、语言表达能力、艺术表现力都明显提高。看着孩子们能够大胆地与其他班的幼儿共同友好游戏，并且能够多元化地表达自己的想法，作为老师的我们感到格外开心。

🌴 我的反思

在角色联动游戏中，幼儿要与同伴一起选择游戏内容。在这个与其他伙伴交往、交流和互动的过程中，幼儿逐渐发现和了解自我，以及自己的行为对他人的影响。幼儿在游戏过程中要学习运用协商、轮流、交换、分享、谦让等交往策略，最终获得更好的交往技巧与策略。

（贡颖）

（三）感恩之心

了不起的清洁工

🌀 故事背景

上学期，孩子们在公共角色游戏室创建了很多角色游戏区，小朋友们十分喜欢那里，总是期待着去那里游戏。孩子们装扮成快递员送快递并学习礼貌用语；装扮成摄影师为小朋友拍下精彩的照片；装扮成理货员积极与小朋友互动卖东西。孩子们期待扮演各种各样的角色，做各种各样的工作，在小社会中尝试长大。基于此，我们生成了主题活动"圆点点大街"。

原以为，我们会按照"调查大街上有什么——起建大街—我们来游戏—大街的新鲜事"主题线索来推进主题，可一次"意外"却让我们停下来，调整了节奏。

故事一：我不想当清洁工

大街上出现了店员、顾客、警察等各种角色，但是清洁工只有顶顶和乐乐扮演了，其他人都不愿意当。为什么呢？我和孩子们一起讨论。

有一个小朋友说："不好玩。"另一个小朋友说："我才不要当清洁工，爷爷说，不好好读书，以后就要去当清洁工，又脏又累。"我心里一惊，连忙问："你同意他的说法吗？"一个孩子说："我妈妈也是这么说的。"另一个孩子说："扫地总是收垃圾，我也不要当。"

没想到孩子对清洁工这份工作是这样的认识。那么，清洁工的工作重要吗？清洁工需要我们的尊重吗？清洁工是不是了不起的人？围绕这些问题，我们开始了一次"清洁工了不起吗？"的投票与讨论。班里只有 10 个孩子认为清洁工是"了不起的中国人"，理由类似，如"他们把马路扫得很干净，所以了不起。""他们让我们的环境更漂亮了。"看得出孩子们对清洁工的了解并不深入。说到清洁工，人们经常这样评价他们："维护环境""劳动强度大""辛苦""起早贪黑""该受到尊重""城市美容师""不是每个人都能坚持做的职业"等。可见，清洁工也是"了不起的人"。

🌴 我的反思

大部分孩子一开始不愿意当清洁工，不认为清洁工了不起。这反映出他们对于这个职业的不了解，也反映了他们对"了不起"这个词语的认知偏差，还反映出家庭教育中的某种不正确导向。《指南》指出："要培养幼儿尊重为大家提供服务的人，珍惜他们的劳动成果；要培养幼儿爱护身边的环境，注意节约资源，形成基本的认同感。"我们的主题目标也是希望通过活动让孩子体验身边的人、事、物与我们的关系，并尊重他们的劳动，关心、热爱、尊重周围的人。因此，我希望通过集体教学、家园共育等一系列活动，让孩子们正确认识清洁工的工作，逐步感受到为大家服务的劳动者都了不起的。

故事二：清洁工的本领

我们设计了集体活动"了不起的清洁工"，搜集了清洁工工作的照片，引导幼儿讨论"清洁工在做什么？我们的环境有什么变化？"再提出问题引发思考：如果没有清洁工来打扫，这里会变成什么样？孩子们说道："公园里会到处都是垃圾。""路上都没办法走了，垃圾桶的垃圾都变质了。""海洋里都是垃圾。""我们幼儿园里的垃圾都堆不下。"

孩子们在活动中进一步了解了清洁工的本领，也懂得了他们的工作和人们生活的关系，但是孩子们还未萌发对清洁工辛苦工作的感激之情。于是我向孩子们提出了新的问题：环卫工人每天是什么时候开始工作的？这个问题也激发了孩子们更多的疑问：那么多的垃圾运到哪里去了？每天有多少垃圾？环卫工人一天都在做什么？于是我请孩子们利用周末的时间，先用自己的方法去寻找答案，比如采访、阅读、和家人讨论等。

🌴 **我的反思**

通过讨论清洁工的工作给我们带来了什么，如果没有清洁工会怎么样，孩子们对清洁工有了重新且更深入的认识。但这仍然是认知层次的，感激之情并未得到激发。于是，教师引发幼儿进一步思考，让幼儿观察与调查清洁工的工作，体会清洁工工作的辛苦、坚持、责任。

故事三：谢谢清洁工

调查完成后，孩子们争先恐后地汇报自己的调查结果。有的孩子采访了清洁工，制作了调查表；有的在爸爸妈妈的帮助下上网查找图片。小妮对我说，周末大清早，他的爸爸便把她唤醒，追随小区里的清洁工，并用手机记录了他们的工作过程。在视频中，不到 5 点，天还没有亮，一辆环卫车就停在了小区的垃圾站旁，清洁工开始工作了。"他们真的好忙啊。"小妮说道。对于小妮的调查结果，孩子们纷纷表示认同并积极发言。顶顶说："叔叔阿姨天还没亮的时候就开始上班了，早上我们在睡觉的时候，他们在扫马路，就连晚上我们又去睡觉的时候，他们还在扫马路，他们真辛苦。"豆丁说："他们从早干到晚，都不休息，夏天太阳晒，冬天天气冷，雨天还要淋湿衣服，不怕苦，不怕累，太了不起了！"

我们还采访了幼儿园给我们倒垃圾的清洁工，他说话不多，但是对小朋友很和蔼，清洁工叔叔说："虽然冬天天气冷，夏天太阳晒，但收完垃圾后，看到我们的幼儿园更漂亮了，小朋友们在整洁的环境里学习生活，感到劳动是光荣的。"

我们还采访了幼儿园的保洁阿姨，保洁阿姨说："小朋友可能会踩到脏东西，但我把地擦得干干净净的，小朋友们就不会沾到脏东西，心情会更好。"我们还发现保洁阿姨天天擦楼梯的栏杆，阿姨说："这样会减少细菌，让孩子少生病。"孩子们通过自己的观察与调查，倾听同伴的介绍，真正从心底萌发了对清洁工的尊重。我问道："孩子们，上次我们讨论清洁工是不是了不起的人时，只有 10 个小朋友举了手。今天我们是什么想法呢？再来举一次手。"话音刚落，所有的小手都高高地举起来。

🌴 **我的反思**

孩子们通过自己的观察与调查，倾听同伴的介绍，了解了以前不知道的事情，也真正从心底萌发了对清洁工的感动和尊敬。我们把调查结果呈现在主题墙面上，让孩子在表达自己及回应他人的环境互动中进一步理解什么是"了不起"，什么是"尊重与感谢"。比如，围绕"清洁工"的话题，孩子们还可以画出已经知道的事、想要知道的事或是想要体验的事等，激发内在需求，积累经验。

故事四：我们都来当环卫工人

孩子们采访完保洁阿姨，更增强了自己保持环境整洁的意识，也想为幼儿园的整洁贡献自己的一份力量。于是，我们开展了"我们来清洁"的活动，分工擦洗户外的大轮胎，一起擦洗大滑梯。

后来，大街的清洁工游戏也变了，孩子们自制清洁工的背篓、扫帚等工具，发现班里有不干净的地方会主动清洁打扫。我们在游戏后，都会对环卫工人说一声谢谢。更多的孩子在游戏中当起了环卫工人。

🌴 **我的反思**

孩子们参与幼儿园和班级的清洁工作，进一步真实体验清洁工作，感受到清洁工作的辛苦，清洁工作带给周围环境的变化以及清洁后的成就感。

在整个活动中，幼儿通过讨论、调查、体验等多种途径，形成对清洁工人、劳动更全面的认识。幼儿感受到劳动虽然苦、累，但是可以让生活更美好。幼儿爱劳动、尊重劳动者、感谢劳动者的情感也进一步激发。

（罗环　宋有月）

送给妈妈的小小魔镜

🛸 **故事背景**

阳春三月，万物复苏，我们又迎来了一年一度的国际劳动妇女节。对于这一天，孩子们并不陌生，在节日即将到来的时候，就迫不及待地跟老师说："老师，马上就是妇女节了，我知道妇女节是所有女性的节日，比如妈妈、奶奶、姥姥、老师，还有阿姨。"班班说："去年的三八节我送了妈妈一支自己做的花，现在还插在我家的花瓶中，妈妈特别喜欢。"满意说："我记得去年三八节，我给妈妈和老师送了贺卡，是我和姐姐一起制作的。"

的确，孩子们从小就生活在"爱的教育"中，感受着幼儿园中老师及同伴的爱，因此在节日到来的时候，他们都会有表达爱的愿望。当然我们也会抓住每一个开展"爱的教育"的机会，让孩子们在感受爱的同时，学会表达爱，学会感恩，懂得担当与责任的重要。

在同孩子们闲聊后，我不禁反思，我们以往三八节的活动方式大多是制作花束、贺卡等一些与花有关的立体手工，活动形式比较单一。在重大节日时，花和贺卡好像已经深入教师和小朋友的脑海之中，久而久之，幼儿对于制作节日惊喜的兴趣有了减弱，家长也对收到花束和贺卡没有了新鲜感。所以，这次活动，我们想和孩子一起，用自己喜欢的方式设计特别的礼物，描绘爱的模样，珍藏每一份感恩之心。

故事一：童话里的礼物

通过查阅资料我们发现，最早节日送花大多发生在恋人之间，起源于希腊神话。相传，爱神阿佛洛狄特为了寻找她的情人阿多尼斯，不顾一切奔跑在玫瑰花丛中，玫瑰花的刺刺破了她的手和腿，鲜血滴在了玫瑰花瓣上。从那个时候开始，红色玫瑰花也就成了忠贞爱情的代表。在了解了节日送花的由来以后，我们又一起重温了很多童话故事。森森给小朋友讲了《灰姑娘》的故事。她说："我认为灰姑娘的心就像水晶鞋一样，干干净净、独一无二，我希望把水晶鞋送给妈妈，因为她是全世界独一无二的、最好的妈妈！"小琪又给小朋友们讲了《白雪公主》的故事，小琪说："白雪公主坏坏的后妈有一面非常神奇的镜子，叫作魔镜，可以显示出世界上最美的女人。这个魔镜每一次都显示出白雪公主的样子，所以皇后总是想害她。我特别喜欢这个魔镜，我认为现在要是有魔镜的话，最美丽的一定是我的妈妈！"

我的反思

孩子们的心中都住着童话，幼小可爱的他们生活在童话的世界中。在许多童话故事中都有对于"爱"和"亲情"的记录，很多都是可以用来借鉴和创编的。就像小朋友们极其感兴趣的魔镜，它可以显示出世界上最美的女人，它在幼儿的心里产生了共情。幼儿认为给予了自己生命与爱的妈妈就是自己心中最美的人，妈妈不光要辛苦地照顾自己，还要照顾整个家。幼儿可以通过自己喜欢的方式，依据自己喜欢的事物设计、制作爱的魔镜，向身边的女性亲属表达自己的爱，让妈妈、奶奶、姥姥们可以在爱宝贝、爱家庭的同时，也不要忘记多爱自己。在本次重温童话故事的过程中，我们发现很多耳熟能详的故事中都有充满爱且吸引幼儿的故事情节，都可以放大来进行改编，做出别出心裁的活动。

故事二：妈妈喜好大调查

"我的妈妈最喜欢鲜花了，因为我妈妈是开花店的，里面有好多好闻的花！""我的妈妈喜欢盲盒，她总爱去商场里面买盲盒和我一起拆！""我的妈妈最爱我了，她总是和我说我是她最爱的宝贝！""我妈妈应该最喜欢鱼，因为每次我想去海洋馆，妈妈都会陪着我。""我感觉妈妈最喜欢干净，妈妈每天都待在家里做卫生。"小朋友们七嘴八舌地讨论着，有的非常肯定，有的犹豫不决。在大家的交流下，我们共同制作了一份"妈妈喜好调查表"，决定调查一下妈妈真正喜爱的东西是什么。在询问了爸爸、姥姥、姥爷等妈妈身边的人以及妈妈本人之后，小朋友们的调查表记录得满满当当。只有辰宝眉头紧皱地拿着记录单，引起很多小朋友的关注。"辰宝，你怎么有点不开心啊？""因为我发现妈妈喜欢的东西和我猜的完全不一样，我昨天还和爸爸一起给妈妈偷偷买了巧克力，妈妈收到以后特别开心，可是我调查到妈妈其实一点也不爱吃巧克力，妈妈更喜欢吃奶油蛋糕。""我的妈妈和我说她其实很害怕虫子，可是我还总喊妈妈陪我一起去博物馆。"满意在听到辰宝的话后，也皱起了眉头喃喃说道。"哎呀没事的，你们现在知道妈妈喜欢什么也不晚啊，以后满意你就别喊妈妈陪你去博物馆了，辰宝你和爸爸一起给妈妈准备奶油蛋糕惊喜不就好啦！"娜娜拍着辰宝和满意的肩膀大声说道。辰宝和满意在听到娜娜的话语后，点了点头，但心情依旧很低落。我看见后马上大声地安慰道："没事的辰宝、满意，你们这个小问题可以让大家一起帮忙解决一下。我相信咱们班的小朋友肯定有好办法。"在听到我的呼唤后，小朋友们纷纷聚集了过来，询问着发生了什么，知情的娜娜很快地复述了事情的经过。我也在一旁附和着："那你们觉得妈妈不喜欢这些还陪着你们一起，是为什么呢？""当然是妈妈很爱我们了！""就是啊，不然才不陪我们呢，妈妈总和我说她最爱我了。"所有人都非常认同地点了点头。于是我又追问："那你们觉得妈妈还有哪些做法是在悄悄地说我爱你呢？""妈妈每天都会给我讲故事陪我睡觉，我调查发现妈妈爱喝咖啡是因为每天都很困，因为在我睡着了以后，妈妈还要辅导姐姐写作业，还要自己工作，我以后要学着自己睡觉，不让妈妈这么累了。"娜娜的一番言论瞬间激起了班里很多小朋友的思绪，都在回忆着妈妈对自己的呵护，对家庭的付出，感受妈妈对自己默默无言的爱。

🌴 我的反思

根据幼儿的讨论我们了解到，幼儿对于妈妈喜爱的东西并不是非常了解，大多是以自我为中心思考，是比较自我的感知。在这个情况下，可以引导幼儿调查妈妈的真实想法，也就此机会更加深入地关注、了解妈妈。对于妈妈，幼儿在小班和中班时都做了很多调查，所以此次调查主要是让幼儿听一听妈妈的心声，可以站在妈妈的角度上了解妈妈，换位思考。一直以来，妈妈都是幼儿坚强的后盾，是妈妈的臂膀一直呵护着宝贝，让他们无所畏惧、自由成长。借此机会，可以让幼儿真切地感受到妈妈的艰辛与不易。

故事三：制作小小魔镜

在了解到妈妈最喜爱的东西之后，幼儿对自己将要制作的魔镜有了更成熟的想法，都想把妈妈最喜爱的物品融入作品当中。在一个个忙碌的小身影下，小九凸显了出来，只见他一只小手挡着作品，一只小手用刻刀刻着些什么。坐在小九旁边的金果也关注到了小九的神秘举动，探着头问道："你在干什么呢小九？""我在悄悄给妈妈刻一个我♡您，我还把园标刻在了背面。""你这个想法真不错，我打算回家以后也当作一个惊喜送给妈妈，还要给她一个大大的拥抱！"每个小朋友制作出来的作品都异常精致、完整，孩子们制作时专注、认真的神情打动了班级中的每一位老师。孩子们在妈妈爱的影响下也将自己的爱全都铺满到小小的魔镜作品中，生怕作品不能将自己的爱表达完整。完成作品后，幼儿欣赏着别人的作品，也讲述着自己的作品，迫不及待地表达着自己对妈妈的爱与感谢。在形形色色的作品中，有一个与众不同的作品凸显了出来，很多小朋友都关注到了这个作品，想听一听这个作品的主人为什么这样做。在大家的猜测、讨论声中，甜甜走到了大家面前，原本内敛的她小脸通红，不知所措地捏着自己的手指。"甜甜加油，你做的作品很好看！""是啊甜甜，你为什么做个这样的作品？太有创意了！"在小朋友们的鼓励下，甜甜拿起了自己的作品。只见这个魔镜四周包裹着很简单的泥土线条，右下角有一个美丽的女人，怀中抱着一个白嫩嫩的小宝宝。甜甜细声细语地介绍了起来："我做的是妈妈抱着我，这个小小的宝宝就是我小时候的样子。有一次我和爸爸妈妈一起看我小时候的照片，里面有一张就是这样的，妈妈说我小时候特别乖，睡觉时不哭也不闹，比现在乖很多呢。照片里的妈妈特别好看，还画着好看的红嘴唇，可是妈妈现在都不画了，妈妈说没有时间打扮自己了，我想我以后要再乖一点，吃饭再努力多吃一点，妈妈就有时间打扮自己，变得和以前一样美美地了！"一番演讲之后，班里响起了热烈的掌声。

🌴 我的反思

在本次活动中，幼儿带给我很多的惊喜，幼儿丰富的想象力总可以做出精彩的作品。给予幼儿自由发挥的空间，幼儿能够创造出更多惊喜。在制作的过程中，幼儿回忆着妈妈的喜好，一次次重温妈妈爱自己的画面，感受着妈妈对自己爱的同时，也思考着如何表达对妈妈的爱。在甜甜的带动下，孩子们初步感知了"感恩"二字，在掌握妈妈的喜好、了解妈妈的所作所为无不表达着对自己的爱后，尝试表达爱、回报爱、主动爱。

故事四：感恩信箱

在制作小魔镜之后，很多妈妈在班级群、朋友圈中分享了自己的心得，辰宝的妈妈发布了一张魔镜作品和奶油蛋糕的照片，还附加了文字——这是我此生最珍贵的礼物！字里行间体现出了辰宝妈妈快要溢出来的喜悦。满意的妈妈在班级群里发布了满意在家中扫地的小视频，还听到满意大声地和妈妈说："您今天过节，您休息，我来照顾您！"妈妈爽朗的笑声充满了整个视频。在收到了很多妈妈爱的回复之后，孩子们打算给爸爸妈妈写一封信表达感恩与爱。在信中，很多小朋友绘画了生活中的点滴，想要用小事表达自己的感恩。满意的画吸引了娜娜的关注，娜娜大声地问满意："你的妈妈不是最害怕虫子的吗？你怎么还要妈妈陪你去自然博物馆啊？"原来，满意画了妈妈陪自己去自然博物馆的场景，还在画面中央画了一个大大的红色爱心。"我这是在告诉妈妈，我知道妈妈不喜欢虫子还陪我去自然博物馆是因为爱我，我以后长大了，就可以自己去自然博物馆了，我还会陪妈妈去她最喜欢的花卉公园，给她拍美美的照片！"满意的一番解释得到了娜娜的大拇指点赞，夸奖道："你这个想法太厉害了。我得向你学习，我要自己睡觉，给妈妈更多的时间休息。我要画一个自己睡觉的图片，告诉妈妈我长大了，她就可以花更多的时间去做自己的事情了！"给爸爸妈妈的一封信寄出后，很多家长给予了回信，夸赞着孩子们长大了，懂得爸爸妈妈的辛苦付出和爱，一来一回后，"感恩信箱"成立了。在"感恩信箱"里，小朋友可以随时给爸爸妈妈写信，爸爸妈妈也可以随时回信，通过文字的力量交流着、表达着。

🌴 我的反思

"感恩"二字我们会经常提及，但孩子们对于"感恩"的理解并不深入。现在大多幼儿是独生子女或是二胎幼儿，家庭中被很多人爱护着、温暖着，很难去发现、感受、表达自己的情绪。由此深入感知、大胆表达对幼儿来说至关重要，用父母的一举一动解析爱的含义，让幼儿用亲身经验感知爱的做法，同时学会发现爱、表达爱、主动爱，以此达到懂得"感恩"的最终目标。卢梭曾经说过："没有感恩就没有真正的美德。"在如今飞速发展的时代，感恩就显得尤其重要。爱在心中，爱在行动，时刻感受，主动表达，将感恩之举铭记，将感恩之步迈出。

（杨帆）

听我说，谢谢你

🌀 故事背景

孩子们升入中班后，逐渐去自我中心化，由关注自身逐渐转为关注同伴，社交能力得到了提升。在班级中，作为一个独立的个体，他们渴望获得他人的认可和赞扬。在日常生活中，他们开始尝试为同伴做一些力所能及的事情，如撩门帘、拉拉链等。当听到同伴说"谢谢"的时候，他们内心会获得极大的满足感。感恩不仅是一种积极的情绪，更是一种优秀的品质，可以帮助孩子们更好地理解和欣赏周围世界。那如何将感恩内化于心，外化于行呢？我想我们应放慢脚步，陪着孩子们用心去感受。

故事一：淼淼住院了

国庆节假期后，孩子们又回到了熟悉的幼儿园。他们借助照片欣喜地和同伴分享着假期中的见闻：我回老家去看爷爷奶奶啦；我去拔萝卜了；爸爸妈妈带我去游乐场玩；我去了天安门广场，那里的鲜花可漂亮了，有一个像房子那么大的花篮；我去参加了斯巴达小勇士的比赛，还获得了奖牌……在孩子们分享结束后，森森的假期生活照，瞬间就吸引了孩子们的注意。他们开始议论起来。

棠棠："森森这是在哪儿啊？"

馨禾："森森受伤了吗？"

芊颖："咦，她怎么在床上吃饭呀？"

泡泡："森森的手上怎么缠满了布？"

星星："为什么她的鼻子上要带一个罩子？"

雯雯："她的另一只手还带了驱蚊手环。"

静好："老师，森森已经好久没来幼儿园了，我都想她了。"

我看着孩子们疑惑的眼神说："是啊，老师也想森森了，可是她得了支原体肺炎，目前还在住院。这不是她的家，这是医院的病房。"此时孩子们的议论声戛然而止，他们面露难色。一旁的妮妮说："我妈妈就在医院上班，要是有人生病了，就住在这里，我妈妈还会给他们输液、打针。"馨禾："生病一点儿都不好。"穆涵颤抖着说："啊，我可不想打针，打针可疼了。"就在这时，我发现一旁的泡泡低下头，在偷偷地抹眼泪。我连忙走上前去问道："泡泡你怎么了？"他眨眨眼睛，抽泣地说："我……我就是有点想森森啦！"听到泡泡的回答，孩子们也连声附和着。星星关切地问："老师，森森什么时候来幼儿园啊？"我："应该还得过段时间，等她身体恢复好就能和大家见面啦！"嘉泽搓了搓手说："那森森打针的时候会不会很疼啊，我打针的时候都疼哭了。"老师："是啊，打针都会有一点点疼。"一旁的静好向我走了过来，拉起我的手说："老师，我也想森森了，希望森森快点好起来。"其他孩子见状也走了过来，似乎也有话要讲。于是孩子们通过绘画和语言等不同的表征方式记录下对森森的关心和担忧。老师将孩子们的话和画制作成视频，第一时间发送给森森妈妈。希望森森在看到这段视频后，能够感受到老师和同伴的关爱，身体能快点儿好起来。

🌴 **我的反思**

在孩子们的眼中，假期应该是快乐的，幸福的。但对于森森而言却恰恰相反。为在真实的情感体验中开展感恩教育，教师有目的地引导幼儿观看森森在病房里的照片，激发幼儿对森森的关爱之情，给孩子们内心带来很大的触动。泡泡小朋友的情绪变化尤为明显，这也直接表露出孩子们最真实的情感。

感恩教育可以提高幼儿的亲社会能力和社会交往能力。中班是幼儿社会交往的重要时期，对幼儿进行感恩教育，可以帮助他们去自我中心，培养其更多的亲社会行为，可以使他们学会与人相处，友善待人，建立良好的人际关系，构建和谐的社会群体。

故事二：谢谢亲爱的老师，谢谢可爱的朋友

叮咚！森森回"信"啦！为了感谢老师和小朋友对自己的关心，森森和妈妈也共同录制了视频进行回复。孩子们迫不及待地围了过来，目不转睛地盯着屏幕，看到久违的好朋友出现在屏幕上，孩子们的内心激动不已。

视频中，森森在妈妈的陪伴下和小朋友们热情地打招呼，脸上露出浅浅的微笑。"老师、小朋友们好，我是森森，我好想你们啊！谢谢你们对我的关心，我的身体已经好多了。我一定听你们的话，按时吃药做雾化，快快好起来。你们在幼儿园等着我，爱你们呦！"

"中三班的老师、小朋友们，我是森森的妈妈。谢谢你们对森森的关爱和惦记。你们给森森的视频，我陪着森森反反复复看了好几遍。森森很期待和大家见面，和小朋友们一起快乐游戏。作为家长，我十分感动，也感谢老师们对孩子们的引导和言传身教。森森能够生活在中三班这个有爱的大家庭中，是她的幸运。目前森森身体状况已有所好转，明天就可以出院了，但还需要居家休养、做雾化。"视频的最后，森森妈妈作为医护工作者，从专业角度提示老师和小朋友们外出时要做好防护，减少到人群密集的场所。

通过视频，细心的孩子发现森森在住院期间，手上缠满了纱布，还要每天做雾化，不免有几分担忧。当看到森森在病房里摆弄着拼图、认真画画的样子时，内心也佩服森森的坚强、勇敢。星星："等森森来幼儿园了，我也可以陪她玩拼图。"绚竹："森森喜欢画画，那我可以教她画线描画。"雯雯："我可以请她当小客人，来美食店吃好吃的蛋糕。"谦谦："我还可以教她搭各种各样的桥……"孩子们的想法特别有爱，我及时给予了肯定，也期待着他们用实际行动表达对森森的关爱。

🌴 **我的反思**

森森的回"信"，再一次激发了孩子们的担忧与关心，萌发了对同伴的关

爱之情。"感恩教育"又称为"爱的教育"，是一种情感教育、生命教育。感恩不仅仅是感谢，感恩能更好地帮助孩子们感受爱，理解爱，学会爱。因此，我们以孩子们在回"信"中的发现作为活动契机，跟随孩子的兴趣与经验，深入开展感恩教育。

故事三：小小行动送爱心

在我们的共同期盼下，森森终于康复了，又回到中三班这个有爱的大家庭了。孩子们见到森森的那一刻非常兴奋。他们会主动走近森森，和她问好、拥抱、互动、微笑……

分散游戏时，大部分孩子选择了体操圈这一玩具材料。在操场上四散开，仍沉浸在探索体操圈的游戏中。有的孩子在玩跳圈游戏；有的孩子三五成群地将圈抛到空中，比比谁的最高；娄尚则和小伙伴们玩单手手腕摇圈的游戏。而许久没有来园的森森站在外围，静静地看着小朋友们探索圈的玩法，有些不知所措。看到这一情况，老师刚要朝森森走去，这时，一旁的娄尚径直走到森森旁边，疑惑地问："森森，你怎么不玩去呀？"看到森森没有回应，娄尚就把手中的圈递给了森森，并暖心地说："给你，我再去拿一个。"没等森森做出回应，他就跑到玩具筐里又拿了一个体操圈折返回来。认真地说："森森，你和我们一起玩吧！"森森有些难为情地说："可是……我不会怎么办？"娄尚笑着说："我来教你，你就像我这样，把圈套在手腕上，然后摇晃胳膊，圈就慢慢地转起来了，你也试试看吧。"森森听完后，也缓缓地尝试起来。尝试几次后，都未能成功，娄尚仍陪在森森身边。当她掉落的圈滚走了，他就快速地跑过去捡，然后再递给森森。娄尚还会给森森示范摇圈，看到手腕上飞速旋转的圈，两个孩子都开心得不得了。森森："娄尚，你真是太棒啦！"听到森森的称赞，娄尚乐呵呵地挠挠头，还有些不好意思呢！就这样娄尚展示一次，森森学一次。经过反反复复地练习，森森逐渐掌握了动作要领，手腕上的圈也能慢慢转起来了。看到这场景，两个孩子激动地欢呼着。娄尚带着笑意，昂首挺胸地向我走来，激动地说："老师，我和森森的圈都能转起来啦！"说完就拉着我往森森的方向走，然后两人自信地展示着自己习得的本领。我不禁夸赞道："你们俩真是太棒啦，娄尚教得好，森森学得也好，这么快就挑战成功啦！"并为他们竖起了大拇指。随着户外游戏的结束，森森作为当天的值日生要负责将玩具筐收回到架子上。森森刚拎起玩具筐摇摇晃晃地向前走了几步，棠棠发现后赶紧跑上前去帮着森森一起抬玩具筐，并说道："森森，你身体还没全好，我来帮你吧！"其他小朋友见状，也跑过来帮助森森一起抬玩具筐。森森连忙和大家道谢。

我的反思

以孩子们在视频中的发现为契机，教师鼓励孩子们以行动送温暖。中三班的孩子们用最纯真的方式理解爱，传递爱。为了帮助森森尽快融入幼儿园生活，老师也发挥同伴的作用和力量。

苏联教育家苏霍姆林斯基曾说："良好的情感是在童年时期形成的，如果童年蹉跎，失去的将无法弥补。"对幼儿进行感恩教育有利于培养幼儿的爱心和同情心。幼儿若常怀感恩之心，不仅能培养与人为善、与人为乐、乐于助人的品德，促进健康人格的形成，而且对今后和谐人际关系的建立有重要作用。

故事四：感恩有你，相伴成长

光阴悄然而过，转眼已是深秋。这段时间里，森森在老师、小朋友的陪伴和关爱下，很快地融入集体生活。在班里时常可以看到森森和小朋友们打成一片的场景。一天早上，森森怀里抱着一个大袋子，一路小跑着来到老师面前，气喘吁吁地说："老师，周末我和妈妈去了香山，那儿的枫叶都红了，特别好看，我还捡了很多枫叶，想送给班里的小朋友。"边说边把袋子打开，从里面小心翼翼地拿出一片枫叶递给我，然后轻声说："老师，这是送给您的，谢谢您的帮助与关心。我想把剩下的枫叶分享给小朋友们。"我笑着问森森："为什么想把枫叶分享给小朋友们呢？"森森斩钉截铁地说："因为小朋友们一直在帮助我、照顾我、关心我。我想分给他们每人一片，谢谢他们对我的关爱。"听完森森的话，我会心一笑。晚离园环节，森森逐一为小朋友们分发了枫叶。孩子们收到后把枫叶紧紧地攥在手心里。小朋友们说："谢谢森森！"大家围坐在一起，你看看我的，我摸摸你的，脸上洋溢着幸福的微笑。这片小小的枫叶不仅是森森送给小朋友们的礼物，更多的是森森对大家的感恩与感谢。

我的反思

幼儿感恩教育是一项艰巨而漫长的教育工程，它不是孤立存在的，需要家庭、幼儿园、社会各方面的共同努力，才能实现最终的教育目标。感恩作为幼儿亲社会行为之一，对幼儿理解他人、帮助他人、奉献爱心等行为都有积极的影响。作为教师，在日常生活中应该积极地观察幼儿的行为表现，及时地抓住感恩教育契机，努力做教育的有心人，让感恩教育走进幼儿的生活。

（曹明静）

（四）美德之引

远方的朋友

故事背景

这个学期，齐老师去新疆支教了，她在遥远的新疆给我们发来了一个视频。通过观看这个视频，小朋友们知道在祖国遥远的西北方，有一个美丽的地方，叫新疆。那里的山很高，天很蓝，有大片大片的草原和成群的牛羊，那里有碧绿的湖水，还有一望无际的沙漠……我们还认识了一群新的朋友，他们就是来自新疆幼儿园的小伙伴们。他们长得和我们有一点不一样，他们的眼睛又大又漂亮，他们好像天生就会唱歌和跳舞。孩子们很快就对这群特殊的新朋友产生了好奇与喜爱，想了解更多关于新疆小朋友的生活。于是齐老师又给我们发来了视频，但是这个视频却给我们带来了截然不同的感受。

故事一：和新疆小朋友的初次见面

小朋友们惊奇地发现，这个幼儿园很不一样，教室的玩具柜里竟然没有好玩的玩具，都是空空的，操场很大，却没有好玩的大滑梯，没有各种各样的户外玩具，这也太"奇怪"了吧。视频结束了，老师问小朋友们有哪些感受，孩子们踊跃发言。熊熊说："新疆很好玩，有很多小动物。"丁丁说："那里也有幼儿园和很多小朋友，但是为什么他们的玩具柜里没有玩具呀？"纯纯说："新疆可能不容易买到玩具吧。我好想把我的玩具送给新疆的小朋友。"老师们被小朋友们的爱心打动了，在与齐老师取得联系后得知，新疆的小朋友们确实非常需要我们的帮助，他们的幼儿园是前不久才建立起来的，所以几乎没有什么玩具。孩子们听到这些话，都皱紧了眉头，若有所思地说："我们到底要怎样帮助他们呢？"看来孩子们已经迫不及待地要伸出自己的援助之手了。

丁丁说："我们送给他们一些玩具和衣服吧！"纯纯："我也可以把家里的玩具送给他们。"……孩子们你一言我一语，讨论得热火朝天，最后决定"爱心义卖"，大家把自己家中不用的图书、玩具、文具等带到幼儿园来，卖给需要的人，最后再把获得的钱放在一起捐给新疆的小朋友。

我们大一班的"爱心义卖会"就这么成立了。

🌴 **我的反思**

在北京与新疆小朋友手拉手的活动中，孩子们结识了远方的朋友。看到远方朋友所在的幼儿园缺乏玩具的情况，教师敏锐地抓住这个问题和孩子们展开讨论，激发孩子关爱他人的心，并付诸行动，将爱传递出去。

故事二：紧锣密鼓的前期准备

1. 我们可以卖什么？

带着美好的愿望和憧憬，孩子们纷纷回到家中准备自己要义卖的商品。孩子们准备了玩具和图书，自己动手绘制帆布包，编制手链皂，还和老师一起买材料制作鲜花皂等。我们义卖会的商品更加丰富多样了。

2. 我们要怎么卖？

商品准备好了，我们要把它变成钱才能够真正帮助新疆的小朋友。"那我们要怎么卖呢?"王老师提问。通过去商店观察、讨论,小朋友们决定自己制作宣传海报、价格表等。有的幼儿担任宣传员向全年级小朋友发出邀请,呼吁大家都来报名参与大一班的义卖会,希望大家都能够奉献爱心,帮助新疆的小朋友。幼儿园里其他班级的老师和小朋友听闻此事,都纷纷加入义卖会中。

承载着满满的爱心和责任感,孩子们将这个有意义的活动告诉了爸爸妈妈,和爸爸妈妈一起准备售卖的商品、零钱,并且制作了自己摊位上精美的广告牌。不仅如此,幼儿园的领导和很多家长朋友也很受感动,自发组织起捐款活动,我们"爱"的队伍越来越壮大……

故事三:热闹非凡的义卖会

这天下午,孩子们期待已久的义卖会终于开张营业了。义卖会现场热闹非凡,人流涌动,叫卖声不绝于耳。老师和小朋友纷纷加入这场献爱心义卖会的活动中。一个个小摊位平地而起,有图书、文具、玩具,还有我们自制的手工皂、帆布袋、小手链……很多小朋友还拿出了和爸爸妈妈一起在家中制作的广告牌,有"叮叮当当文具店""楚楚的小店""一律三元"等字样。孩子们摇身一变,变成了小小推销员和小顾客。小顾客们游走在各个摊位之间,挑选着自己心仪的商品。小摊主们也卖力地吆喝,认真介绍自己的商品,热情地招待顾客。嘟嘟走到"楚楚的小店"旁边,拿起一个崭新的玩具问:"多少钱呀?"楚楚说:"十块钱。"嘟嘟有模有样地讨价还价:"可以便宜点儿吗?"楚楚想了想,说:"那就一块钱吧!"嘟嘟说:"好!"双方愉快地成交了。

孩子们仿佛不是很在意商品的原有价值是多少,现有价值是多少,只要能买到自己喜欢的商品,只要对方愿意给钱,都能够顺利地成交,皆大欢喜。尽管他们的语言是那样稚嫩、简朴,点数人民币时的小手是那样不熟练,但是心中的爱是那样真切。因为孩子们知道义卖会不仅仅能够获得买卖商品的快乐,更重要的是能为新疆的小朋友献爱心,做更有意义的事情。

最后,老师们对爱心捐款进行了整理,其中小朋友的义卖捐款 3 147 元,家长捐款 732 元,教师捐款 3 260 元,总计 7 139 元。这笔钱款全部用于支援新疆和田幼儿园的小朋友购买图书和玩具。

后来,齐老师给我们发来了视频,当看到新疆小朋友拥有新玩具后开心的笑脸,听到他们的感谢时,孩子们激动地跳起来拍手,洋溢着幸福的笑脸。原来帮助别人是如此快乐,所有的付出都是值得的!

🌴 我的反思

在这次义卖活动中,无论是前期准备还是义卖会现场,都少不了孩子们的身影。他们从始至终都保持着积极活跃的态度,并尽自己所能帮助他人。现实生活是最好的老师,让孩子们真实地通过自己的努力和劳动去帮助那些有需要的人。孩子们在此过程中懂得如何去关爱他人，帮助他人，体会感恩与珍惜，践行中华民族"助人为乐"的传统美德。不仅如此，小朋友们还不忘践行环保理念，绘制绿色环保袋，做到资源再利用，保护环境，奉献爱心，收获满满的爱与成长！

（白爽）

独特方式的"早上好"

🌀 故事背景

清晨，悠扬的音乐声随着阳光弥漫整间教室，我在班门口迎接小朋友们的到来。"佳佳早上好呀！"我开心地边摆手，边和刚进门的佳佳打着招呼。她微笑地看了看我，没有说话。我猜她很想与我问好，可能是小班刚入园，还不敢张口说话或者还不熟悉该怎样与老师打招呼吧。我发现，有很多小朋友听到老师亲切的"早上好"后只是沉默地走开了。我想这沉默的背后，一定有孩子自己的想法和原因。

故事一：为什么不打招呼呢

自由活动环节，我搬了一把椅子坐在佳佳身旁，和她一起看着她最喜欢的关于小兔子的那本故事书，用生动、幽默的语调为她讲解着里面的情景。她开心地大笑起来，看她与我逐渐产生联结，对环境越发熟悉后，我问佳佳："佳佳，你喜欢和老师打招呼吗？"她点了点头，低着头笑了笑，将大拇指和食指相对，向我做了一个动作。"哇，这代表什么呀？"我疑惑地问道。"这是爱心呀。"她笑着小声说。佳佳用"比爱心"的方式和我交流呢。后来，我也常常用比爱心的方式和佳佳默契地交流。

我也和其他孩子展开了一次讨论，尝试找到和孩子们建立连接的方式。"小朋友们，每天早上，当你听到老师问'早上好'时，你的心情是什么样的？"

"开心呀！我喜欢老师在门口等我。"雯雯说。

"很高兴！"阳阳说。看来孩子们都很喜欢被问好的感觉。

"小朋友们早上主动和我问好，老师也很开心。可是，有时候我和小朋友打招呼，小朋友没理我，为什么呢？"我假装有点委屈地问道。

"我没有问好，是因为我还没有脱完外套。我想挂好衣服再和老师摆手！"沐沐说。

"我想和老师抱抱。"暖暖说。

"我想和老师拍拍手。"

还有的小朋友不说话，没有说出自己的原因……

🌴 我的反思

孩子们不想打招呼的原因有很多，有的是因为没有做完自己手中的事情，有的是没有找到自己喜欢的方式，还有的是因为害羞，不敢开口说话。每个孩子都是具有独立意识的个体，性格也各不相同。若强迫孩子打招呼，会容易忽略他们的情绪和感受。怎样引导孩子和其他人打招呼呢？打招呼是人与人之间交往、开启沟通的一个方式，在中国文化中，"打招呼"是一项文明礼仪，但是，对于孩子来说，我们既要引导幼儿养成文明礼仪，又需要尊重幼儿的个性特点、意愿及与他人熟悉的节奏，同时积极地为他们创造热情、友好、开放的人际环境。于是，我尝试让孩子们用多种方式来打招呼。

故事二：独特的"早上好"

于是，我在集体活动中组织孩子们一起欣赏了《我爱我的幼儿园》这首歌曲。"也不哭，也不闹，叫声老师好！"在学唱这一句歌词时，我请小朋友们在听到"叫声老师好！"时，用自己喜欢的方式打招呼。佳佳做了一个很有趣的姿势：双手打开，在头顶比出了一个大大的爱心。我走过去，为她点了一个大大的赞，并在她耳旁说了句悄悄话："佳佳，你的打招呼方式真特别，点赞！"

随之，我再次播放音乐，邀请她到前面展示，小朋友们便和她一起学习了"比爱心"的打招呼方式。在佳佳的示范下，小朋友们还创新出了"爱的抱抱""碰拳""鞠躬""击掌"等特有的打招呼方式。就这样，我们伴随着歌声一遍又一遍，放松、大胆地做着自己喜欢的动作。

又是一天清晨，我在教室门口看到佳佳后，脑海中便浮现起她的问好方式。于是，我边做"比爱心"的动作边说："佳佳，早上好！"她笑着用"比爱心"的方式回应我，并尝试着说："老师，早上好！"我高兴地为她点赞，并与小朋友们分享我与佳佳独特的打招呼方式，小朋友们听到后说："这样打招呼真好玩呀！"就这样，"比爱心""爱的抱抱""碰拳""鞠躬""击掌""飞吻"等方式，都成为我们班小朋友打招呼的独特方式。每一天的入园互动时间，也渐渐地成为孩子们的期待。

🌴 我的反思

独特的问好方式开启了充满爱的一天，同时成为教师与幼儿之间互动的桥梁。现在的佳佳，能自信地和其他班级的老师、小朋友主动大声打招呼。班级中有的小朋友看到食堂叔叔后，不仅能大胆问好，而且向叔叔竖大拇指，夸赞叔叔的厨艺："叔叔，您做的饭真好吃！"还有的小朋友会在离园时主动对老师、小朋友做出"飞吻""爱的抱抱""击掌"的动作，告别一天的美好时光……

幼儿由不愿意打招呼，到尝试打招呼，最终到喜欢用独特的方式打招呼。教师与幼儿通过听、看、做，亲身感受到同伴之爱、教师之爱、集体之爱。这背后不仅有教师的榜样示范，也有情感环境的陶冶。独特方式的"早上好"，看似简单的一个环节，却是孩子们与自己、同伴、老师建立连接的最佳方式之一。

（傅麟茜）

"筷"乐有礼

🌀 故事背景

中国自古以来就是礼仪之邦，是重礼的国家。小小的筷子是我们用餐的工具，更是传承中华文明的国粹，它有着悠久的发展历史，也有着丰富的文化内涵。筷子是向孩子们传承中华文化很好的媒介物。于是，在孩子们小班升入中班之际，借着孩子们学习使用筷子的机会，我们以筷子为主题，开展了丰富多彩的活动，向幼儿传承中华文化，带领他们感受、学习中华礼仪。

故事一：筷子的使用礼仪

为了帮助小朋友们学会正确使用筷子，老师们创编了使用筷子的儿歌，孩子们可以拿着小筷子，边唱边练习。活动区内经常传出小朋友唱儿歌的声音。我们还制作了使用筷子的视频发给家长，让家长在家里也能够指导孩子正确使用筷子。

通过一段时间的练习，我们发现孩子们基本掌握了筷子的使用方法，用筷子吃饭已经难不倒他们了。可是新的问题出现了，如孩子们在进餐时会把筷子横七竖八地放在桌子上等。发现问题后，我们和孩子们一起进行了讨论：关于筷子有哪些礼仪要求呢？我们和孩子们一起开始探究，开展了"筷子了不起"的活动。孩子们通过丰富的调查途径，如网络搜索、采访老人、翻阅图书等，发掘筷子的历史以及更多的筷子使用礼仪。

孩子们了解到，在古代使用筷子有很多说法。正式场合连筷子的摆放都要注意，如筷子横放在碗或碟子上，表示"酒足饭饱，不再进食，诸位慢用"。看过了大家的调查结果，孩子们不禁感慨，原来筷子的使用还有这么多讲究。它不光是进食的餐具，更是约束人们礼仪行为的一种礼器，蕴含着深刻的餐桌礼仪文化，它传递着中华文化，是我们中国一种独特的文化符号。于是我们在班级开展了"我是文明之星"的小活动。同样也请家长参与进来，在家里给孩子们进行评选。大家都想成为别人心目中的"文明之星"，渐渐地，不管是在幼儿园还是在家里，孩子们使用筷子的方法都更加文明了。通过他人对自己的评价，孩子们的自信心更强了，也更愿意做餐桌上的文明之星了。

🌴 **我的反思**

筷子在中国有悠久的历史，它一日三餐都陪伴着我们，连接着味蕾，体现着我们的中华文明。单单是筷子的使用，就可以让一个人显得很有教养，这其中蕴含的传统礼仪文化，是我们必须要传承的。

在帮助幼儿学习使用筷子方面，如果仅靠幼儿园教育，效果无异于杯水车薪，因此我们充分利用了家庭教育资源，不仅将使用筷子小口诀和视频发给家长，请家长在家里也督促孩子使用筷子，而且及时地与家长进行沟通交流，了解孩子的用筷情况。同时，和家长一起设计了许多和筷子有关的有意思的小游戏，让家长在家里通过和幼儿比赛的方式，激发幼儿使用筷子的兴趣和欲望。

故事二：筷子大不同

从使用勺子到使用筷子，看起来虽然是小小的转变，但对孩子来说却是一大挑战。对于中班孩子来说，使用筷子需要小肌肉灵活配合，操作较难，加上家长在家包办较多，所以有的孩子出现抵触使用筷子的情绪，坚持要用小勺。怎样才能让孩子们对筷子产生兴趣，甚至喜欢上筷子呢？我们决定先从筷子的不同外形入手。

小朋友搜集并带来了各种各样的筷子，通过观察发现，大家的筷子在外形上大致相同，一头方、一头圆，圆的那头用来夹菜。小朋友们还发现，虽然外形上看起来差不多，可是每个人的筷子还是不太一样。点点一下子发现了自己的筷子头是圆圆的，但是小玖带来的筷子头却是尖尖小小的，长度上也比点点的筷子短了一些。这是为什么呢？我们一起查找了很多关于筷子的资料后发现，之所以两双筷子的形状不同，是由于各地的饮食有所区别。小玖的筷子是从日本带来的，日本是一个岛国，多以鱼为食，为了将鱼皮与鱼肉分开，日本人就将筷子头变成了尖尖的，方便戳刺、固定食物；而且，日本人多带饭盒，为了能够将筷子收纳进饭盒里，就把筷子的长度缩短了。原来小小的筷子身上有这么多的秘密！小朋友们的兴趣一下子就被调动起来了。我们不仅从筷子身上发现了各个国家不同的文化，而且知道了不同材质、外形和长短的筷子都有自己的用途：银筷子被古代的人用来辨别饭菜是否安全；长长的筷子是奶奶炸油饼用的，有的少数民族还用筷子来跳舞呢！这下孩子们对筷子产生了更加浓厚的兴趣，也都愿意尝试用筷子吃饭了。

🌴 **我的反思**

随着社会的变革与发展，筷子变得多样化起来。小小的一双筷子，不只是进餐的工具，更承载了一方水土文化。孩子们通过对筷子外形、材质的对比发现不同，通过调查进而了解到筷子在不同地域产生外形变化的原因，了解其背后蕴含的包括生活、环境、饮食等文化，深刻体验到了文化多样性对人们生活的影响。这使得我们的主题内容不再局限于使用筷子，而是为幼儿提供更加开阔的视野，来了解中华文化、世界文化，从文化的视角了解礼仪的不同角度，在丰富幼儿认知的同时，增进了幼儿对民族礼仪文化的认同感。

（刘鑫　童娅）

第三章 物我关系之趣

"自然从不背离它热爱的人。"

——华兹华斯

（一）物我关系概述

1. 何谓"物我关系"？

物我关系是指个体与世界的关系。从宽泛的意义上来看，既包括物与物的关系问题，又涉及物与人之间的关系；从狭义的角度来看，它指向的则是自然与人的关系（赵丽端，2018）。在育爱课程中，主要是指个体与自然、社会文化、生活环境的关系。

2. 物我关系对幼儿发展的价值

3～6岁是幼儿初步认识世界，对周围事物有好奇心和探究欲的时期。在此阶段，引导幼儿认识社会、自然、文化等有利于丰富幼儿的知识和经验，在广泛接触物质环境中积累丰富的感性经验，丰富情感体验。幼儿对于含义深刻而抽象的概念是不能全部理解的，他们的情感是在认识幼儿园、认识周围生活环境等的过程中逐步形成和发展的。例如幼儿在认识自然、认识小动物的过程中，对动物的怜爱之心和对自然的亲近感为形成积极健康的情感打下了良好的基础。

3. 物我关系维度的课程目标——好奇主动

好奇、主动是幼儿认识世界的动力。儿童有着与生俱来的好奇心和探究欲望，好奇是孩子在遇到新奇事物或处在新的外界条件下所产生的注意、操作、提问的心理倾向，是认知与情感相互作用的产物，是促使幼儿个体对新奇的事物去观察、探索而获得的一种内在冲动。

从"好奇主动"这一课程目标的内涵上看，即让幼儿在探究中认识周围事物和现象，体会人与自然、动植物的依赖关系，知道尊重和珍惜生命，保护环境，乐于探索，富有想象力和创造力。

从"好奇主动"课程目标在不同年龄阶段的具体表现上看，《指南》中指出3～4岁的幼儿"喜欢接触大自然，对周围的很多事物和现象感兴趣。经常问各种问题，或好奇地摆弄物品。初步了解和体会动植物和人们生活的关系。"

4～5 岁的幼儿"喜欢接触新事物，经常问一些与新事物有关的问题。常常动手动脑探索物体和材料，并乐在其中。初步感知常用科技产品与自己生活的关系，知道科技产品有利也有弊。"5～6 岁的幼儿"对自己感兴趣的问题总是刨根问底。能经常动手动脑寻找问题的答案。在探索中有所发现时感到兴奋和满足。初步了解人们的生活与自然环境的密切关系，知道尊重和珍惜生命，保护环境。"

从"好奇主动"课程目标的实践路径上看，根据《纲要》和《指南》的要求与建议，我们认为教师和家长要经常带幼儿接触大自然，激发其好奇心与探究欲望。支持幼儿在接触自然、生活事物和现象的过程中积累有益的直接经验和感性认识。

4. 物我关系维度的三方面课程内容

影响幼儿成长的客观物质环境主要包括社会、自然和文化。因此，我们从"社会之行""自然之趣""文化之旅"三个方面建构课程，从大自然、多元文化、农事体验、时事、社区共建等维度创设课程空间，丰富课程内容。使孩子内心爱的种子开花结果后，再尽情播撒，是育爱课程内容中的重要丰富和拓展。

内容一：社会之行

幼儿社会环境与文化教育旨在引导幼儿认识社会环境中的人、事、机构、文化等，使其更了解所处的世界，建立起对这个世界的积极态度（如理解、尊重、平等），从而更好地适应社会。我们从"社区共建""文化欣赏""社会时事"等方面拓展课程内容。在课程实施中，形成了常规的社会体验活动，比如走进文化场所的活动，参观梅兰芳故居、汽车博物馆、恐龙博物馆等；还有到敬老院、超市、蛋糕房、理发店、护国寺小吃街等体验社会生活的活动。

内容二：自然之趣

我们从"热爱自然""农事体验"等方面让孩子在大自然中自由地探索，涵盖了对大自然外在的观察、规律的探究、变化的关注、科学的保护，比如动植物外形与变化、自然物的利用、季节、食物、环境保护等（垃圾分类、空气污染、废旧物利用等）。让幼儿和自然"鲜活"地相遇，在观察中培养幼儿对自然的敏锐洞察力，在探索中建立儿童与自然的联结，在心中埋下热爱自然的种子。

内容三：文化之旅

《辞海》定义道："文化是人类在历史实践过程中所创造的物质财富与精神财富的总和。"我们将"文化之旅"主要划分为"地域文化"和"文化创新"两个部分。其中，地域文化主要是由于地理局限造成的，是某一地域主要由当地人民创造的物质文化和精神文化总和，富有地方特色。我们开展了"京味小吃""京腔京韵""京城建筑"等活动，涵盖了胡同、京剧、什刹海社区文化、非物质文化遗产、北京建筑、民间游戏等文化载体，以及富有鲜明地域特色的各民族各地域的文化与精神品质。同时，文化也需要与时俱进，推陈出新。文化创新主要是指由幼儿与教师共同商定的节日，以满足幼儿发展的需要。

（二）社会之行

参观梅兰芳故居

🐚 故事背景

在清明节来临之际，教师组织并开展了有关清明节的系列教育活动，孩子们在感受中国传统节日氛围的同时，也了解到纪念伟人是清明节最重要的习俗之一。随着讨论的开展，壮壮从家里带来了一份自己制作的梅兰芳爱国故事来与小朋友分享，感人的事迹令孩子们沉浸其中，由此萌生了想一起去了解并纪念梅兰芳先生的想法。

在这个重要的教育契机之下，教师和幼儿展开讨论，发现了离幼儿园很近的梅兰芳故居。通过什刹海社区的联系和帮助，我们得到了可以带着孩子们去参观梅兰芳故居的机会，开展游学活动。教师发挥引导作用，将"游""学"结合，以游促学，给予幼儿一个自主体验、学习和发展的空间。充分地利用周边的社区资源，走出校园，让孩子们身临其境，去感受伟人的爱国情怀和国粹的魅力，在一定程度上丰富了教育的形式。

故事一：关于梅兰芳先生的大猜想

尽管孩子们已经听完壮壮分享的梅兰芳先生的爱国故事，但是对于孩子们来说，梅兰芳大师还是相对陌生。在参观活动开始之前，孩子们期待的心情已经溢于言表。每天都有很多孩子不停地讨论着关于梅兰芳先生的各种问题。为了保持一定的神秘感，我并没有全盘托出，而是先根据壮壮的故事，为孩子们简单地介绍了梅兰芳先生是我国著名的京剧表演艺术大师。

为了继续满足孩子们发现和探索的需求，我们组织了一次"梅兰芳先生大猜想"的活动。幼儿可以尽情地将自己关于梅兰芳先生的猜想和想了解这位伟人的哪些事情记录到自己的记录表里。

萱萱对梅兰芳先生的工作最感兴趣，她用画笔画了一套漂亮的演出服，她说："我猜梅兰芳演出的时候一定穿着这样好看的衣服。"

小宇认为梅兰芳是一位伟人，那他一定做了许多很厉害的事情。他画了一个手枪，他说："我觉得梅兰芳一定是打败了坏人才这么厉害。"

朵朵平时在班里有很多好朋友，所以她猜梅兰芳先生也一定有很多好朋友，于是她在记录表里画了很多小人一起玩的画面，她说："我好想知道梅兰芳都有哪些好朋友。"

浩浩听说我们参观的梅兰芳故居就是梅兰芳先生曾经居住过的地方，便立刻开始了他天马行空的想象："我猜他家一定很大，有一间屋子专门用来吃饭，也许他家还会有小树、池塘呢。"一边说着，浩浩的记录表里就有了一个很大的房子，上面画的都是他对梅兰芳家的猜想。

面对孩子们热烈的讨论和好奇的猜想，我利用记录表将孩子们的猜想进行了收集和记录，并鼓励孩子们回家根据自己的猜想和爸爸妈妈一起进行梅兰芳大调查。这一行动得到了家长们的大力支持，孩子们也初步得到了自己猜想的答案。

于是，孩子们带上了自己的问题和等待验证的答案，满怀期待地准备走进梅兰芳故居。

🌴 我的反思

孩子们对于自己不熟悉的事物充满了无限的好奇和兴趣。他们在讨论、想象的过程中，会冒出许多有意思的想法，不管是天马行空的还是简单普通的小想法，教师都没有任何干预和引导，充分地尊重和支持孩子们的猜想。希望本次活动能以孩子们的视角展开，带着他们的猜想和问题去进行参观，既满足了孩子们的好奇心，又能够让孩子们的游学活动有所收获。

故事二：梅兰芳故居我们来了

走进故居后，孩子们在讲解员和教师的引导下，整齐地排队来到梅兰芳先生汉白玉半身雕像前，安静肃立，然后深深地鞠躬。每个小朋友都庄严地献上一枝表达哀思的菊花，深切缅怀一代大师。通过切身行动，孩子们知道祭奠伟人是一件严肃的事情，送出去的菊花代表着我们对伟人的思念。

孩子们紧紧跟随讲解员阿姨，看了梅先生表演穿戴过的戏服、头冠等，参观了梅先生住过的房子，观看了很多珍贵的视频资料，知道了许多发生在梅先生身上的真实故事。讲解员为孩子们讲解了梅兰芳先生的生平事迹，悠悠在听到讲解员讲述梅兰芳先生蓄须明志，宁可冒着生命危险也不为日本敌人演出的故事后，深深地被梅兰芳先生的人格魅力所感染，拉着老师的手说："梅兰芳先生是一个厉害的大英雄！"讲解结束后，孩子们立刻开始了热闹的讨论，纷纷拿出自己的猜想记录表，大部分小朋友在参观过程中已经找到了自己的答案。

通过这次实践活动，幼儿切身地感受到京剧文化的氛围与梅先生的艺术成就。活动最后，孩子们在老师的帮助下在"清明寄语墙"上留下了自己的感言。萱萱不禁感慨地说道："梅兰芳大师你真的是太厉害了，谢谢你为祖国做出的贡献。"二宝也留下了自己想说的话："梅兰芳大师我好喜欢你，你穿过的戏服都特别美，你的京剧太棒了。"

🌴 我的反思

《幼儿园工作规程》中提出，幼儿园应"充分利用自然环境和社区的教育资源，扩大幼儿学习和生活的空间"。梅兰芳故居在我们幼儿园附近。为了让孩子们更多地了解梅先生，我们决定和孩子们一起走进梅兰芳故居。在浏览过程中，讲解员的讲解和各种展览品的展示，都在生动形象地向幼儿传递他们所需要的信息。而孩子们和讲解员、老师的互动问答，以游戏的形式吸引幼儿进一步探索自己想了解的内容，使得学习更有针对性和趣味性。在身临其境的氛围中学习，能够激发幼儿自主探索的能力，在吸收知识的同时生成新经验。孩子们走出校园，实地参观的方式在一定程度上弥补了传统教育的局限性，互动体验的方式无疑能够让幼儿的学习更加深刻，同时也丰富、拓展了幼儿的新经验。

故事三：京剧脸谱大制作

在参观梅兰芳故居活动后，幼儿对于梅兰芳先生的兴趣和热情更加浓郁。随着学习的渐渐深入，除了感受大师风采，增进爱国主义情感，京剧这门独有的文化形式也走进孩子们的视野。种类丰富、颜色多样的京剧脸谱让幼儿产生了浓厚的兴趣，他们不仅对欣赏脸谱情有独钟，而且非常愿意在纸上画脸谱、涂脸谱。渐渐地，孩子们已不满足于现状，很多孩子都会主动地来问我："老师，还有哪些东西可以用来做京剧脸谱呢？"于是，为了满足孩子们的需要，老师们想到了陶艺活动，它不仅是我国的民族特色活动，而且是很好的展现自我的平台，那何不把京剧脸谱融入陶艺活动中去呢？于是，我们努力寻找各种和陶艺活动相关的材料，并把这些丰富的材料投放到孩子们的操作环境中。

在活动过程中，孩子们很快就被陶泥吸引了。辰辰说："陶泥什么都好做，我们一起来做京剧脸谱。"于是，好多小朋友围在一起，拿起手中的泥，埋头苦干起来。只见孩子们在辰辰小老师的带领下，把泥分成了一块大的、一块小的，然后把大泥做成了京剧脸谱的脸，再将小泥搓成长长的泥条绕在大泥变成的脸上，一会儿工夫，京剧脸谱已经初步成形。

壮壮好奇地问："京剧脸谱应该是彩色的啊，这样才好看，而我们的确是泥巴的颜色，好像不是很好看。"辰辰看了看四周说："那儿不是有颜料吗，我们再加工一下，不就可以了吗？"于是，孩子们搬来了颜料和毛笔，开始在泥巴上涂色。没过多久，用泥巴做成的京剧脸谱都变了样，辰辰的京剧脸谱变成了黄脸，壮壮的京剧脸谱变成了红脸，大家相互欣赏起来。

活动结束后，孩子们围在展示台边上欣赏自己和同伴制作的京剧脸谱，感到非常骄傲。这时，老师放起了教过的京歌《我是一个中国人》。孩子们神气地表演起来，有的做有力的动作，有的唱得脑袋直晃……还真像那么回事！

🌴 我的反思

"京剧脸谱大制作"将这次参观梅兰芳故居的活动推向了高潮。孩子们不仅能主动地参与进来，而且能在自己的发现、选择、探索中，在与老师投放的暗示材料的互动中，使京剧脸谱的表现方式更加多样化。孩子们在大胆想象、动手操作中，切切实实地了解、感受到了梅兰芳大师的人格魅力，增强了爱国的情感。当《我是一个中国人》的京歌响起时，孩子们大胆、投入地表现，情绪情感得到了升华。

（李想）

大手拉小手参观国家动物博物馆

🌀 故事背景

孩子们在进行"蛋"的主题活动中对小动物产生了强烈的好奇心。为了满足孩子的好奇心和探求真知的学习欲望，棉花胡同幼儿园中班的小朋友决定和厂桥小学一年级的小朋友一起走进国家动物博物馆。

故事一：和哥哥姐姐结队去博物馆喽！

出发前，孩子们一起讨论到了场馆后要怎样跟哥哥姐姐有礼貌地交流合作。

曜曜说："要有礼貌地问好。"

彦博说："见面后我们可以送给哥哥姐姐们小礼物。"

考拉说："可以拉着哥哥姐姐的手，跟着他们一起逛博物馆。"……

随着讨论越来越激烈，孩子们对这场"国家动物博物馆之约"愈发期待。早上九点，幼儿园的小朋友和小学的哥哥姐姐准时赴约，相聚在国家动物博物馆门口。大家有序地进入到场馆后互相介绍自己，经过彼此友好的相识后，他们自由结成了 12 对两人一组的小团队。

在结队的过程中，有的小朋友比较腼腆，不太会主动地跟哥哥姐姐交朋友，这时身为小学生的哥哥姐姐特别勇敢地站出来主动拉着小朋友的手。被拉住手的一瞬间，我看到了腼腆的孩子对着哥哥姐姐露出了甜甜的笑，他们也紧紧攥着哥哥姐姐的手，并拿出自己精心准备的手工小礼物，双手捧着送给哥哥姐姐。哥哥姐姐双手接过礼物后赶忙说着谢谢。那一刻，我被这一幅幅描绘着"友谊"的画面深深打动。虽然只是短暂的熟悉，但我相信这段美好的友情定会为博物馆之旅锦上添花。

我的反思

参观动物博物馆了解动物知识是我们此次社会之行的主题，而在这场主题约会中，对于孩子们来说，和哥哥姐姐建立友谊也是挑战之一。因此在活动开始前，老师和孩子们一起讨论怎样和哥哥姐姐有礼貌地交往合作。在孩子们的世界里，和哥哥姐姐第一次见面送上亲手制作的小礼物是最隆重的礼仪，于是我们陪着孩子一起制作初见礼物。在制作的过程中，孩子们在心中似乎进行了一场情景模拟，期待着与哥哥姐姐的博物馆之行。当天到达指定地点与小学生进行互动的过程中，我发现幼儿园的小朋友与小学哥哥姐姐建立友谊并没有那么困难，虽然有的孩子比较腼腆，但属于小学生的那一份责任与勇敢让孩子们不再胆怯，他们将精心准备好的礼物大大方方地送出去，并得到了哥哥姐姐的连连赞叹。那一刻，我发觉在这场观展之旅中，重要的并不是知识的获得，而是互动式亲密关系的建立赐予了观展之旅特殊的力量。希望孩子们带着这份特殊的力量开启精彩的体验旅程！

故事二：动物博物馆里都藏着小动物的哪些秘密呢？

接下来，幼儿园小朋友和小学生手拉手，开始了合作小游戏：动物知识抢答比赛。根据任务卡上的内容，到鸟馆、昆虫馆、蝴蝶馆、无脊椎动物馆，看展览、听讲解、完成任务。在鸟馆，各种各样的鸟类展厅美得让人不禁驻足观望。在这里，孩子们可以安安静静地看每个纲目中的鸟，另外有些展柜中也展出了鸟类飞翔的姿势和生态环境。孩子们看着鸟类标本，将自己最喜欢的鸟儿画下来。孩子们认真观察描摹的模样仿佛一个个写实派小画家。小学的哥哥姐姐经过一年的学习已经认识很多字了，他们帮助幼儿园的小朋友读题。爸爸妈妈帮助他们播放讲解。两个小朋友一起寻找答案。小学的哥哥姐姐负责把答案写在任务卡上，两个人一起到本场馆负责的老师那里验证答案。

我的反思

我们设计了看展览、听讲解、做任务的大手拉小手互动式参观活动。小朋友们通过看展览、听讲解、做任务，了解了动物及动物保护的相关知识，增强了保护动物、爱护自然环境的意识，初步感受了中华自然资源之丰富，也进一步萌发了对家乡、对祖国的自豪感。

故事三：它们都是地球的主人！

完成任务卡后，小朋友们来到了濒危动物馆。小学哥哥姐姐为幼儿园弟弟妹妹介绍这些濒危动物。弟弟妹妹们认识了博物馆的镇馆之宝——白鳍豚，它被誉为"长江女神""水中大熊猫"。当了解到白鳍豚太珍贵且可能已经灭绝时，孩子们脸上浮现从未有过的失落与惋惜。在生命面前，无论成人还是孩子，面对物种的消逝都会感到悲伤和无助。

马老师给小朋友们讲了徐秀娟保护丹顶鹤的故事。孩子们被故事内容深深地吸引，积极地表达着自己可以怎么做来保护动物、爱护环境。小朋友们说道："不要乱扔垃圾。""爱护花草树木，保护动物生活的环境。"……

这次活动在孩子们心里种下了保护动物的小种子。回到班级，几位参观的小朋友主动和大家分享着自己的感受与收获，还一起制作了宣传语贴到小区的门口，向行人进行宣传……尽自己的力量保护动物、爱护环境，成为积极自信的宣传小达人。

🌴 我的反思

本次参观国家动物博物馆进一步激发了小朋友们的探究兴趣，很多小朋友都想再仔细观察、欣赏一下动物。有的家长说会利用假期时间，常带孩子到博物馆参观。活动较好地将生命教育、自然教育、爱国主义教育、幼小衔接融合在了一起，幼儿园小朋友和小学生都获得了关于自然、生命的新经验，也产生了保护动物、爱护自然的情感。

（刘佳琪）

你好，祈年殿

🛸 故事背景

一个假期过去，很多小朋友都和爸爸妈妈在北京的周边尽情游玩，对于北京有了更多的了解。恩恩非常兴奋地跑到我面前："关老师，你猜我假期去哪儿了？我和爸爸妈妈去了天坛，看了祈年殿！"很多小朋友听到了恩恩和我的对话，都感兴趣地围了过来，七嘴八舌地讨论："天坛在哪儿啊？""天坛好玩吗？"恩恩看大家都对自己的话题这么感兴趣，得意地说："爸爸说，天坛是古代皇帝祭天的地方，天坛有一个祈年殿，这个宫殿特别大，而且是圆圆的。"

圆圆的宫殿是什么样子的？孩子们纷纷对这个"圆圆的祈年殿"产生了兴趣。于是，关于一场去天坛解密的活动紧锣密鼓地开始了……

故事一：天坛亲子游，探秘祈年殿

几名常在积木区游戏的小朋友对于祈年殿这个新奇的建筑更是格外有兴趣，乐乐说："咱们已经会搭天安门了，这回咱们就搭祈年殿怎么样？肯定没人尝试过。"阳阳表示同意："可以啊，但是咱们不知道怎么搭呀，反正我没去过。""我也没去过，真想看看呀。"没想到，天坛作为北京市区非常有代表性的名胜古迹兼旅游景点，班级里的大多数小朋友都没有参观过。

要想顺利地去天坛探秘，可少不了"大朋友"的支持。老师与家长们进行了协商沟通，最终决定开展"手拉手亲子游天坛"的活动。活动开始前，探秘小分队结组制订了游玩计划。

经过讨论我们发现，关于天坛，小朋友们想要了解的内容和记录的方式不太一样，有的说画画，有的说拍照，有的想自己来记录，于是孩子们自发地结为小组，商讨计划。

写生组的小朋友提议："我们要带着彩笔和纸，把祈年殿画出来。""我想画祈年殿的墙。""之前我去过祈年殿，它的屋顶特别好看，我要把它的屋顶画下来。"

摄影组的小朋友提议："可以带上我爸爸的相机。""我们得把祈年殿各个地方都拍下来。""我们站得远一点就可以把祈年殿都拍下来。""光站得远可不行，我们还要离近了拍，这样更清楚。"

探究组的小朋友将想知道的问题都列在记录表里："祈年殿是做什么用的？宫殿是由什么建筑材料做成的？它的形状是怎样的？祈年殿都有哪些装饰？"

后勤组的小朋友提议："出去玩要带水壶，因为我们要玩很久，肯定会口渴的。""还要带纸巾，上厕所的时候需要，还能擦汗。""再带上一点零食吧，万一我们玩一会儿就饿了呢？""如果要吃东西，最好也带上消毒湿纸巾擦手，这样才卫生。"

周末，孩子们带上相机、记录表和爸爸妈妈手拉手，开启了天坛解密的一天。

走进祈年殿，映入眼帘的是一圈圈的由汉白玉栏杆包裹着三层圆顶的华丽宫殿，红色的墙壁，蓝色的琉璃瓦，金色的圆顶，真是太美了。孩子们都被眼前这绝美的祈年殿深深吸引了，绕着祈年殿仔细观察起来。大朋友们纷纷化身为讲解员，带着孩子们了解祈年殿的全榫卯结构。孩子们在观察和听讲解的过程中，渐渐了解了祈年殿的功能历史、结构技术、造型与内部细节等信息。

🌴 我的反思

在天坛的建筑中，祈年殿是最耀眼的存在，这座圆形的大殿建筑，凝聚着许多中国古人的智慧。当了解到孩子们对祈年殿感兴趣后，我们抓住了这一教育契机，与家长携手，组织了此次亲子游天坛的文化欣赏活动。在游玩的过程中，孩子们分成不同的小组规划这段探秘之旅，带着目的出发，使孩子们不仅增长了对天坛文化和祈年殿建筑结构的认知，并且在欣赏交流中增进了亲子关系与同伴关系，激发了孩子们的许多潜能。

故事二：将祈年殿"搬"到积木区

祈年殿的美让孩子们难以忘记。多多说："什么时候能再去天坛呢？要是能每天都看见祈年殿该多好啊。"多多带着小伙伴们来到积木区，并告诉我今天的计划就是要在积木区搭建出那个圆圆的祈年殿。我非常期待这群可爱"小工匠们"的建造手艺，一场与古代大工匠比拼搭建手艺的时空大赛就这样拉开帷幕……

"小工匠们"一起观察了照片，并且分析这个建筑的特点与搭建方法。

阳阳说："祈年殿和天安门不一样。它是一个圆形的建筑。"

恩恩说："祈年殿有三层屋檐，屋檐也是一圈一圈的圆形。"

乐乐说："而且这三层屋檐一层比一层小，越往上越小!"

他们先是试着制作出祈年殿的圆形底座。乐乐拿出两个半圆积木合在一起："这就是个圆啊!""太小了太小了!"另外两个伙伴都否定了这个提议。阳阳说："我知道了，我们可以用别的积木拼成圆。"说着就找来了长条积木，在地垫上拼摆。恩恩立刻明白了他的意思，也和他一起。不一会儿一个大大的圆形就完成了。

在区域分享时，小朋友们都对积木区的祈年殿充满期待。经过周末的天坛之旅，大家对于祈年殿的构造已经有所了解，纷纷提出了自己的建议。

熙熙说："祈年殿的四根龙井柱象征一年四季。你们在搭建的时候可不要忘了啊。"森森说："对对对! 还有十二根金色的柱子象征一年的十二个月呢!"

积木区的小朋友一边听一边在设计纸上写写画画，用红色水彩笔标出了代表四季的龙井柱，用黄色水彩笔标出了外面一圈十二根金柱的位置。积木区小朋友还邀请美工区制作了祈年殿牌匾。祈年殿的细节被一点点地完善，完整地呈现在积木区，惊艳了所有人。

我的反思

在亲自观察过祈年殿后，孩子们对于祈年殿的兴趣依然持续，并且敢于在积木区挑战搭建圆顶建筑。小建筑师们能够主动分享搭建成果，根据其他小朋友对于祈年殿的建议，利用自己在现场观察了解到的祈年殿的小知识，发现真正的祈年殿与自己搭建的祈年殿相差的地方是什么，并且对其外形进行分析和改造，使搭建作品更加精致，体现建筑的细节以及历史文化。家长也在了解活动后积极地支持，丰富了幼儿的原有认知。幼儿了解了中华民族的传统文化，文化自信的种子在心中生根发芽。

（关玉杰）

（三）自然之趣

萝卜一家

故事背景

随着秋天的来临，各种各样的萝卜更多地进入孩子们的食谱中。一天，孩子们在吃午餐时发现，中午吃的萝卜和早餐吃的萝卜都是胡萝卜，但是做法不同，孩子们开心地聊起自己吃过的萝卜做法。老师也趁机发起了"萝卜一家"活动。

故事一：萝卜的一家——连接食物与儿童的亲密关系

幼儿园门口的笼子里养了一只大白兔，小朋友们每天都会去那里看看，还纷纷从家中带来兔子最喜欢吃的胡萝卜。有的小朋友说胡萝卜可以保护我们的眼睛，所以我们要多吃胡萝卜，就这样大家讨论起来，子豪说："我不喜欢吃萝卜，我觉得有点辣。"泽文说："萝卜有一种奇怪的味道，后来姥姥就把萝卜给我做成了酸酸甜甜的泡菜，我就爱吃了。"提到萝卜泡菜，有的小朋友馋得直咽口水。我们邀请到了泽文的姥姥和几名家长助教来到班里，教孩子们一起制作萝卜泡菜。活动结束后，一瓶瓶孩子们亲手制作的萝卜泡菜就完成了。我们把做好的泡菜放在了班里，孩子们每天都去看，别提有多高兴了。等等说："我发现萝卜的颜色变了。"不爱吃萝卜的冰冰说："我也好想尝尝呀！是不是酸酸甜甜的味道呢？"孩子们每天都充满期待。相信孩子们在自己动手制作后也会格外珍惜自己的劳动成果，慢慢喜欢吃有营养的萝卜。

随着话题的不断推进，孩子们对各种各样的萝卜也越来越关注了。君鸿还特意让妈妈给我发来了照片，照片是他在家中帮妈妈洗萝卜、做菜的情景，他说最喜欢吃妈妈给他炖的萝卜排骨玉米汤，还想要给小朋友们讲一讲。在接下来的几天中，陆陆续续有小朋友给我发来了照片，想分享自己在家吃的萝卜佳肴。

🌴 我的反思

泡萝卜活动激发了孩子们对食物色彩和味道变化的探索，看到了环境对食物的影响。孩子们进行了关于萝卜颜色的大调查，发现了很多品种的胡萝卜，每一种萝卜都有自己的名字。孩子们在此过程中感受到自然界的丰富与多彩，感受到自然界的包罗万象，感受到自然界的独一无二。

故事二：我们的萝卜种植园——探索生命成长的奥秘

我们在幼儿园开辟了一块地方种萝卜。

一天，泓博说："老师，咱们班里的萝卜有点蔫了。"我一看还真是，于是我请泓博将自己的发现分享给大家，请小朋友们一起来想想办法。家明说："咱们把萝卜泡水里或者种在土里，可能萝卜就不会蔫了。"由于在中班我们就有尝试种萝卜、泡萝卜的经验，所以家明就想像原来一样把它们种起来。就这样，孩子们分小组进行，有的把萝卜种在了土里，有的泡进了水里。

国庆假期后的第一天，芊芊很早来到了班里，捂着鼻子对我说："老师，咱们班怎么有股臭味。"旁边的葫芦也随声附和道。于是我们一起寻找,发现原来是我们的萝卜烂了。借着这个机会,一场讨论会拉开了序幕:萝卜为什么臭了呢?种在土里的萝卜为什么没有事情?孩子们经过讨论得出了结论,同时制定出保卫萝卜的计划,如每天给萝卜浇水、换水、照顾萝卜。

🌴 我的反思

小朋友们为萝卜创造了干的、湿的、温的、冷的等不同的环境,去探索温度、湿度、土壤等对植物生长的影响,在心里埋下了去了解不同气候条件对植被影响的种子。当发现班里的萝卜蔫了,孩子们每天给它浇水、换水,耐心、细致地照顾它。

故事三:药食同源,传递中国的传统文化

班里有小朋友不爱吃萝卜,这可怎么办呢?敦敦说:"我们可以把萝卜的好处做成一本书,然后给不爱吃萝卜的小朋友讲一讲,他们知道好处后可能就吃萝卜了。"于是孩子们在美工区制作了萝卜保健手册,互相分享。

一天中午,我们刚好吃炒胡萝卜,报菜的值日生大声说道:"今天我们吃的是胡萝卜炒肉丝,胡萝卜含有丰富的维生素 A,能够补肝明目,让我们的眼睛更好。"看来,大家都变成了萝卜小博士。班里越来越多的孩子都更爱吃萝卜了,龙龙说:"本来我不爱吃萝卜的,但是因为我戴眼镜,所以奶奶让我吃绿萝卜和鹌鹑蛋。现在我觉得胡萝卜有点甜味,没那么难吃了。""对,我们院里的小弟弟也不爱吃萝卜,后来我跟他说吃萝卜不生病,还跟他一块吃了萝卜炖肉。他妈妈说还是我有办法。"成成说。

小朋友们还想带着保健手册给中班和小班的弟弟妹妹讲,希望他们也多吃萝卜,还做了一个二维码,把宣传海报放在幼儿园门口,一起录制介绍视频,让更多的小朋友听到我们的介绍。

🌴 我的反思

我国是中医药的发源地,药和食有着密不可分的联系。将中国的药食同源文化与幼儿园课程在日常活动中自然地融合,可以在孩子们幼小的心中埋下热爱食物疗法、知道健康饮食有助于身体健康的种子,从而初步渗透中医药文化,使孩子们萌发热爱祖国、热爱中国传统文化的情感和愿望。

故事四:有趣的萝卜章,感受中国文化的深厚底蕴

班里的萝卜长得很快,我们开始用萝卜开展各种活动,其中就有个"有趣的萝卜章"的活动。孩子们搜集关于印章以及萝卜章的图片进行分享,在美工区开始尝试制作萝卜章。结果并不是特别好,萝卜图案混乱,方法不一。通过观察发现,孩子不太会使用刻刀,于是老师先让幼儿用超轻黏土练习刻刀的用

法，方便孩子们反复练习，接着投放了较硬较重的橡皮泥。孩子们慢慢地开始能够进行简单的雏形雕刻了。

当孩子们对刻章越来越有兴趣时，我们开始了解印章雕刻知识，认识了印章阴刻和阳刻的不同，知道它们不仅是刻的方法不同，而且不同的方法雕刻的印章也要在固定场合使用。孩子们在此过程中对印章有了更深入的了解。

班里小朋友都玩起了设计萝卜章和刻萝卜章的游戏。在设计萝卜章的时候，孩子们大胆发挥想象力，设计出自己想要的印章，与同伴和老师分享，非常开心。在刻萝卜章的活动中，小朋友们照着自己的设计图雕刻，遇到困难也会将图改简单些。有的小朋友不敢下手进行雕刻，我们就引导他用笔将图案画在萝卜上，降低难度，他就也能刻出来了。

🌴 我的反思

印章是中国传统文化的代表之一，彰显了艺术、历史和人文等方面的价值。孩子们了解了印章雕刻知识，在设计萝卜章、刻萝卜章的操作中，感受到中国古代人民的智慧，了解了优秀的传统文化，感受古代人民的智慧，发现自然与人文的密切关系。

（王红梅）

春雷一声惊蛰始，春光烂漫正当时

🌀 故事背景

二十四节气代表着一年的时光轮回，是古代劳动人民通过对自然现象的不断探索总结出来的自然规律，对于人类的生产、生活起着至关重要的作用，影响着人们的生活。二十四节气中蕴藏着中华民族深厚的文化积淀。

二十四节气蕴含的文化包括诗词、歌谣、传统习俗、故事传说等，蕴含着健康、科学与农业的关系等，物候特征、气象变化中渗透着自然特征。教师深入挖掘节气中的教育资源，开展贴近幼儿生活的活动，在引导幼儿传承节气文化的同时，促进幼儿身心的发展。

我们和孩子一起利用多元化的方式探究节气与生活的关系，将节气与游戏、艺术制作、表演活动、美食制作相结合，通过多种感官参与，感受节气的特点以及节气的变化与自身的关系，体会到自然之趣。

故事一：寻找春天，感知事物变化

春天到了，大地披上了绿色的衣裳，小草偷偷从地下探出了头，小鸟叽叽喳喳地唱起了歌，路边的花儿争奇斗艳地盛开啦。寻找春天的活动开始了，在幼儿园、公园、马路边，孩子们找到了春天的身影……

"我发现迎春花开啦!"

"我闻到了花的香味！"

"那是桃花，桃花开了，真美！"

"我还看到小蜗牛、小虫子都出来了，你们看到了吗？"

"之前还没有小虫子呢，最近怎么小虫子都悄悄地出来了？"

"因为惊蛰节气到了，蛰伏在地下的小虫子都出来了。"老师说。

🌴 我的反思

通过开展家园活动，孩子们一起来到了大自然中，发现了细致入微的变化。通过观察、探究，调动嗅觉、视觉、触觉等多种感官，幼儿亲身感受到春天的气息，初步感受到惊蛰节气的特点。惊蛰节气最明显的一个物候特征就是"春雷响，万物生"，一声春雷乍响，蛰伏的小动物们都出来了。

故事二：惊蛰知多少

那惊蛰到底是什么呢？爸爸妈妈、小朋友都来介绍了……

大班小朋友开展了"惊蛰大调查"的活动，从惊蛰的气候变化、自然变化、饮食习俗等方面进行调查，并将自己的调查结果利用表格和定格动画的形式呈现给弟弟妹妹，让小朋友们更加清晰直观地了解惊蛰节气。

小朋友说："惊蛰节气到了，小动物们睡醒了，小树开始发芽了，小草也从土里钻了出来。黄鹂在树上唱起了歌，告诉我们惊蛰到了。我们在惊蛰的时候可以喝些梨水保护嗓子。"

通过爸爸妈妈讲及小朋友的动画介绍，我们对于惊蛰节气的特点了解得更加全面了。

🌴 我的反思

通过前期在大自然中的观察和发现，幼儿对于惊蛰节气已经有了初步的感知。但是惊蛰到底是什么呢？惊蛰节气还有哪些物候特征和自然之趣呢？孩子和家长都进行了介绍。爸爸妈妈用通俗易懂的话语讲述着惊蛰的特征，大班小朋友通过多种调查方式（电脑查阅、查阅图书等），利用宣传海报的形式向大家讲述着惊蛰节气的特点，从亲身感知到直接体验的层面都有了更深一步的了解。

故事三：趣享惊蛰

1. 巧手"绘"惊蛰，体验节气的艺术之美

结合惊蛰节气的物候特征，我们开展了艺术制作活动，助力幼儿在制作过程中对节气特点的理解和感受。

微雨众卉新，一雷惊蛰始。惊蛰时节，泥土里的小虫子听到了雷声，感受到泥土的气息，开始苏醒了。幼儿利用彩纸制作了"春雷"挂饰，来庆祝春天的来临。利用不同的彩泥，制作小蜗牛、七星瓢虫。惊蛰到，万物萌，春归大地桃花开。大班小朋友利用粉色的彩纸制作了立体的桃花锦灯，希望大家平平安安，共度美好的春光。圆圆青梨话惊蛰。惊蛰时节，乍暖还寒，吃梨寓意远离害虫，滋养身心。大班小朋友采用立体纸工的形式制作了挂饰，寓意小朋友身体健康，快乐成长。

多元化的艺术形式立体展现了丰富全面的惊蛰特点，在制作和欣赏中，感受到节气所带来的艺术之美。

2. 快乐"享"惊蛰，感知节气的特点与独特

惊蛰还有很多好玩的游戏呢，老师们结合惊蛰的物候特征，如蛰伏的小虫触动、春雷乍动、惊蛰吃梨、惊蛰炒黄豆等习俗，开展了充满童趣的游戏活动。

游戏一：春雷响，虫出蛰。幼儿扮演小蚂蚁、小蜜蜂等昆虫，躲藏在石洞里、草地下。一名幼儿敲击大鼓模仿雷声。当春雷响后，小昆虫被惊醒了，从各个地方钻出来。鼓声停下来，播放春天的音乐。小昆虫们听着音乐在草地上跳起舞来。当听到雷声和雨声时，小昆虫们再躲回洞穴里藏起来。

游戏二：惊蛰虫虫爬呀爬。幼儿将彩纸沿一个方向折成长条，折好后在两边各剪出一个半圆形的弧线。打开后在第一个虫子节上添画眼睛变成小虫子。制作一个草地背景图，上面用纸杯制作成洞穴，将小虫子放在其中。运用各种瓶子、罐子制造雷声、雨声，可以摔打、敲击、滚动。当听到惊雷响起时，幼儿用吸管吹小虫子，看看哪只小虫子爬得快。

游戏三：炒黄豆。幼儿在娃娃家中利用容器翻炒黄豆，发出噼里啪啦的响声，声音吓跑小害虫。在户外幼儿还可以两人一组，手拉手玩炒黄豆的游戏。还可以根据故事《惊蛰到，春来了》创编故事表演，幼儿扮演小蚂蚁、小蜗牛、小草、黄鹂鸟，戴着头饰进行故事表演，跟随音乐有节奏地模仿各种小动物的姿态。

3. 童心"唱"惊蛰，感受节气音乐的美妙

传统文化的元素在音乐中表现得淋漓尽致，将惊蛰节气的自然特点利用手势舞的形式展现出来。教师与幼儿身穿汉服，跟随优美的旋律配合形象的手势动作，表现手势舞《惊蛰到》。活泼清新的曲风带给人悠闲自由的心情，朗朗上口的旋律，让孩子们感受到了节气中蕴含的艺术美，激发了幼儿表现美的美好愿望，同时也更加熟悉和了解惊蛰节气的特征，对于传统文化的认知也更加深入。

4. 美味"品"惊蛰，了解节气与饮食的关系

在我国一直流传着惊蛰吃梨的习俗，梨的种类有多少？梨可以怎么吃呢？孩子们收集了各种梨，如秋月梨、库尔勒香梨、鸭梨、雪花梨、苹果梨等。在闻一闻、切一切、尝一尝中感受梨的特点，观察梨的结构。与家长共同煮梨水、做梨酥、花样扮梨，在美食中体验节气的特点，激发幼儿热爱生活的美好情感，在品尝中感受中华传统文化的博大精深。

我的反思

在探究节气的过程中，教师从幼儿视角出发，通过观察身边自然景物的变化来感受春天的到来。在亲身探究的过程中，幼儿感受到自然景物的变化，初步感知到节气的变化与自身生活的联系。在后续的深入感知阶段，教师与幼儿共同结合惊蛰节气的元素开展游戏活动，力求在玩一玩、做一做、演一演、尝一尝等多种方式中了解节气，传承传统文化，激发幼儿热爱生活的美好情感。

二十四节气中蕴含了自然与生活的无限智慧，具有极强的传承意义和价值。惊蛰节气的活动，让幼儿在不断地探究过程中体会人与自然的和谐共生，在体验与操作中了解中华文化的博大精深，在表达与表现中增强文化自信与文化自豪。让我们将传统文化融入日常生活，将传统文化物化为幼儿喜欢并可以接受与理解的方式，进行传递，使传统文化落地生根。

（王宇）

解救小蜗牛

故事背景

有一天，班里来了几只小蜗牛，孩子们观察着小蜗牛的一举一动。

可可说："蜗牛的身上有个壳，像贝壳。"熹熹说："蜗牛的头上有触角。"笑笑说："蜗牛的壳儿是硬的，身体是软的。"马嘉泽说："蜗牛的触角一被摸就缩进去了。"孩子们围着小蜗牛议论起来：小蜗牛喜欢吃什么呀？小蜗牛住在哪里？小蜗牛会拉臭臭吗？小蜗牛怎么躲起来了？为了追随孩子们的探索兴趣，满足孩子们的好奇心，我们开启了与小蜗牛的奇妙之旅……

故事一：小蜗牛是死了吗

一天早上，熹熹和可可几个人发现盒子里的小蜗牛一动不动。熹熹说："它是不是睡觉了？"笑笑认真地说："我叫醒它。"于是笑笑冲着蜗牛轻轻地说："小蜗牛起床了。"其他人也着急地跟着叫小蜗牛起床。叫了好多遍，蜗牛没动静。笑笑又说："可能我的声音太小了，我大声叫醒它吧？"她用很大声音叫了几次"小—蜗—牛—起—床—啦"，蜗牛依然纹丝未动。

熹熹说："我敲敲盒子也许能叫醒它。""你试试。"我回应他。他就敲了敲蜗牛盒子，小蜗牛依然没有变化。他又用更大的力气敲小蜗牛的盒子，蜗牛依然没有动静。其他几个人也着急地敲盒子，企图叫醒小蜗牛。熹熹突然说："蜗牛是不是死了？"小朋友们你看看我，我看看你，也不清楚蜗牛到底怎么了。大家的目光都不约而同地看向我。我也故意露出不解的神情，同时用眼神和身体示意大家关注旁边的水箱。

笑笑说"要不把蜗牛放水里试试？"我说："可以试试。"熹熹手快，立刻小心翼翼地把一只蜗牛放到水箱里，大家专注地盯着蜗牛……大约过了一两分钟，小蜗牛在水里慢慢地露出头和身体。大家屏住呼吸，目不转睛地盯着小蜗牛的变化。笑笑说："快看快看，蜗牛没死。"可可说："一到水里它就出来了。"熹熹笑着说："小蜗牛没死，太好了，把它放石头上吧（水箱里有高出水面一些的石头）。"说着他把小蜗牛放到石头上。两只小蜗牛在水箱里慢慢地露出了头、身体和触角。小朋友们眼睛瞪得像铜铃般新奇地观察，兴奋、激动着。他们为小蜗牛高兴，为自己的猜想、努力和尝试没有白费而高兴。我对孩子们的行为给予肯定："你们把小蜗牛解救出来，我替小蜗牛谢谢你们。""不客气，小蜗牛是我们的朋友。"熹熹笑着回应。

可可说："我想起来了，环境太干燥，蜗牛就把自己封闭起来。"笑笑说："看来，我跟它说话，它可能听不见。"熹熹说："敲它的盒子也不管用，只有水才能叫醒蜗牛。"我问："那是为什么呢？"笑笑说："上次我喂蜗牛，蜗牛趴在叶子上吃东西，那时候盒子里湿湿的，蜗牛喜欢湿漉漉的地方。"乐乐说："每次下完雨我都能看到路边有很多蜗牛，我就捡蜗牛。"

笑笑说："蜗牛肯定饿了。咱们让它们回家（透明盒子）吃一顿胡萝卜大餐。"熹熹说："不行，盒子里太干，蜗牛不喜欢。得给蜗牛家里放点水。"于是他往盒子里倒了点水，放进胡萝卜片，最后把蜗牛放到了胡萝卜上，静静地观察蜗牛。小蜗牛真吃了起来，一上午的时间把胡萝卜吃了个大坑。大家看到小蜗牛健健康康，很开心。

我的反思

《指南》中指出，儿童有着与生俱来的好奇心和探究欲望，大自然和生活中真实的事物和现象是幼儿科学探究的生动内容，激发探究兴趣，体验探究过程，发展初步的探究能力是幼儿科学学习的核心。班级里饲养了小蜗牛，孩子们经常观察与讨论蜗牛。教师创设宽松的环境，鼓励与支持幼儿提出问题，发现蜗牛的变化，引导幼儿运用已有的生活经验进行猜想。孩子们积极想办法唤醒"沉睡"的蜗牛，但都失败了。最后，在老师的暗示下，孩子们发现旁边的水箱，引导幼儿尝试将蜗牛放进水里，最后唤醒了蜗牛。教师需要善于观察孩子，洞察他们的直接经验和心理需要，为他们提供探索的机会。

故事二：给小蜗牛做新家

"那怎么能让小蜗牛住得开心呢？"我给孩子们抛出了新问题。可可说："我们给小蜗牛做个新家吧。""好呀。"孩子们一致同意。"小蜗牛喜欢什么样的新家呢?""小蜗牛不喜欢阳光晒,它喜欢待在潮湿的环境。"孩子们开始了大讨论……

第二天早上,可可带来了一个牛奶箱子,我问她:"可可这是干什么用的啊?"可可告诉我:"这是我和爸爸一起给班里的小蜗牛准备的新家。蜗牛不喜欢晒太阳,喜欢黑一点的地方。我们就帮助蜗牛把它的家搬到这个盒子里,小蜗牛肯定喜欢。"笑笑说:"我妈妈说了,小蜗牛喜欢待在湿湿的地方,咱们就把它的家里边放点水吧。有水后,小蜗牛就不会把自己缩进壳里封闭起来了。那层白色的膜就是它的大门,蜗牛觉得太干燥不舒服时,就会缩进壳里关上门,这是蜗牛的自我保护。"

"哇,你们知道得真多呀,真厉害!"我鼓励孩子们。可可:"我家有关于蜗牛的书,我看书就记住了。老师,我们一起给小蜗牛的新家装饰一下吧?"于是孩子们来到美工区,涂涂、画画、剪剪、贴贴。不一会儿工夫,大家就一起把小蜗牛的新家装扮完成了。大家隆重地把小蜗牛请进了新家……

🌴 我的反思

《纲要》中指出,要"引导幼儿对身边常见事物和现象的特点、变化规律产生兴趣和探究欲望。通过引导幼儿积极参加小组讨论、探索等方式,培养幼儿合作学习的意识和能力,学习用多种方式表现、交流、分享探索的过程和结果。"喜欢小动物是幼儿的天性,尤其是小班的幼儿,特别喜欢和小动物交朋友。在"解救小蜗牛"的故事中,教师通过创设真实的问题情境,关注幼儿兴趣,回顾和迁移已有经验,共同尝试等方式,提高幼儿发现问题和解决问题的能力。

这是一次饱含温情的生命之旅。在和蜗牛的互动中,幼儿了解了蜗牛的外形特征和生活习性,加深了对生命概念的理解,萌发了尊重生命的积极情感。这是一次充满探究的科学之旅。在对蜗牛的探究中,幼儿运用了询问、查阅资料等解决问题的多种方式,并用绘画、身体动作、语言等多种形式表达探究过程中的发现与感受。幼儿在不断探索中学习,最终获得成功,体验到成功的喜悦。

(王春艳)

你好,小蝌蚪

🐚 故事背景

大班下学期,天气渐暖,万物复苏。彦彦从河边带来了许多只小蝌蚪,鲜活的小生命就这样突然出现在班中的自然角,引来了孩子们的讨论。珠珠说:"小蝌蚪真可爱呀,在水里游来游去的。"爱看书的阳阳看着小蝌蚪说:"书上说小蝌蚪长大了就会变成小青蛙。老师，我们班的小蝌蚪也会变成小青蛙吗?"平日里非常像大姐姐的旻旻回应道:"只要我们像妈妈照顾我们一样照顾小蝌蚪，小蝌蚪一定也能长大变成小青蛙的!"

故事一：小蝌蚪为什么死了?

在小蝌蚪来到班级的前几天，每天都会有孩子在过渡环节和区域时间蹲在自然角观察小蝌蚪在水中自由地游动。但是他们只是静静地看着小蝌蚪，其他的事情什么也没有做。水缸里的水逐渐变得浑浊，小蝌蚪游动的速度也不如刚来时那么灵活了。有一天，他们发现有几只小蝌蚪沉到水底不再游动了，孩子们焦急地和我说:"老师，小蝌蚪不动了!""老师小蝌蚪死了，怎么办?"孩子们纷纷围在水缸旁边，脸上露出了沮丧与焦急的表情，有的情感丰富的幼儿甚至哭了起来。

于是我和孩子们开展了一次直面小蝌蚪死亡的讨论。在集体活动时间，我和孩子们说道:"生命都会有死亡的那一天，这是很自然的事情。"听到我的话，孩子们不再说话，而是在想着什么。如意说:"可是老师，为什么我们的小蝌蚪还没变成小青蛙再变成老青蛙就死了，是因为它们生病了吗?"

抓住这个契机，我将问题抛给孩子们:"小蝌蚪为什么没有变成小青蛙就死了呢? 咱们之前是怎么养小乌龟的呢?"彦彦说:"一定是自然角太晒了，小蝌蚪被晒死了! 每次我去自然角看小蝌蚪，没一会儿我就觉得被太阳照得受不了。"阳阳观察到了水缸中浑浊的水说道:"水缸里的水太脏了，不像小河里的水那么清澈，小蝌蚪需要干净的水。我们得像养小乌龟一样给它们换水、喂食物。"萱萱:"我以前养小鸡的时候会喂小鸡吃小米，小蝌蚪吃什么呢? 我们从来没给小蝌蚪吃的东西，它们会不会是饿死了?"

我的反思

通过这次短暂的相处，幼儿对动物的生命周期有了深入的了解——除了诞生、成长、衰老之外，还有死亡这一阶段。他们开始对生命的脆弱与渺小有了最初步也最直观的了解。孩子们通过共情他者生命的消逝，体悟到了生命周期的有限，懂得自我生命的宝贵。幼儿亲身体验到自己关心爱护的小生命离开自己时会产生悲伤、难过等消极的情绪。在教师的引导与安慰下，幼儿认识到死亡是生命的终点，以积极的态度去消化这些负面情绪。在讨论中，幼儿开始反思在照顾小蝌蚪的过程中，自己是否提供给小蝌蚪所需的食物以及适宜的生存环境。他们运用已有经验与多种感官，察觉到了小蝌蚪的习性与其生存环境之间存在的必然联系，并开始猜测小蝌蚪死亡的原因。

故事二：小蝌蚪需要食物和干净的水

经历了上一次小蝌蚪的死亡事件，孩子们猜测小蝌蚪可能是因为没有食物饿死了。于是彦彦再次带来小蝌蚪，还带来了一些水生植物作为小蝌蚪的食物。他们会每天去关注小蝌蚪有没有吃浮萍。当观察到浮萍逐渐变少时，会及时在水缸中放入新的食物。

当孩子们再次与小蝌蚪相遇时，为了让小蝌蚪健康茁壮地成长，他们时刻关注水缸里的水有没有变浑浊。几天后水逐渐变得浑浊，当彦彦倒掉缸里的脏水，准备接自来水的时候，越越拦住了彦彦。越越赶紧说道："我在书里看到不能直接用自来水养小动物的，自来水中的化学物质会让小蝌蚪生病的。我们要把自来水放在太阳底下晒一晒才能用。"教师问道："那我们用什么来晒水呢？"越越说："可以用盥洗室里的水盆晒水。""可是水盆是给小朋友消毒擦桌布用的，我们还可以用其他的东西来晒水吗？"彦彦说："我觉得可以用空的塑料水瓶。"于是幼儿从家中带来塑料水瓶，和同伴一起准备适宜小蝌蚪生存的水。在水变得有些浑浊的时候，第一时间小心翼翼地倒掉水缸里浑浊的水，然后倒入适量被晒过的水。

我的反思

在幼儿经历了小蝌蚪的死亡后，再次和小蝌蚪的相遇让他们开始反思如何才能提供给小蝌蚪一个适宜的生存环境。幼儿在照顾小蝌蚪的过程中了解了食物与水是生命必不可少的要素。教师作为观察者与引导者，要仔细观察幼儿的语言与行为，并在适当的时候引导幼儿思考解决问题的不同方法，选择更为合适的方法来解决问题。

故事三：给小蝌蚪做一个遮阳棚吧！

不仅如此，孩子们还提出利用区域游戏的时间，在美工区为小蝌蚪做一个遮阳棚的建议。二珠珠在区域开始的时候和我说："何老师，我想给小蝌蚪做一个遮阳棚，这样小蝌蚪就不会被晒死了。"一旁的喜多听到后说："但是，我们要做一个多大的遮阳棚呢？"二珠珠说："这好办，我们拿着纸筒去蝌蚪水池那里比一比就知道了。"喜多用纸筒比着水池的底部进行测量，二珠珠说："这个水池的上边比底下要大，我们做的遮阳篷应该和上边一样大。"二珠珠用手比着上面的边缘，往下移到地面，说道："我们需要10个纸筒。"

霏霏也加入喜多和二珠珠制作遮阳篷的小组中。喜多和二珠珠说："我们把水池的一个边对比完了，是十个纸筒，那我们今天看看另一个边是多大。"喜多和二珠珠按照之前的方法拿纸筒对比水池的另一个边，霏霏这时说道："我们可以用尺子进行测量，量出水池有多大。"喜多开心地点点头说："你说得对！"霏霏走到我身边说道："老师，我们需要尺子。"我拿了一把长尺子递给霏霏，霏霏拿着尺子回到植物角确定了遮阳棚的尺寸，三个人继续制作起来。

第二天，喜多和二珠珠把做完的遮阳篷的顶盖在了水池上，喜多说道：

"大小正合适，但是遮阳棚盖在上边，小蝌蚪就没有办法呼吸了。"二珠珠说道："那我们在上面扎两个孔?"喜多说道："可是这样阳光也会进来了呀。"霏霏这时说道："外面的遮阳棚都是有根柱子进行支撑的。"喜多说道："对，我们也在这下面加柱子。可以跟房子一样有四根柱子，这样会更稳固。"喜欢美工的月牙说："这个纸筒做的遮阳棚有点不好看，我想用彩泥和魔法玉米给遮阳棚装饰得更好看一些。"就这样，在他们的不懈努力下，小蝌蚪拥有了一个虽然称不上完美，但是却充满爱的遮阳棚。

🌴 我的反思

幼儿刚开始搭建平面的长方形作为遮阳棚，遇到了小蝌蚪无法呼吸的问题，霏霏和二珠珠联系生活中实际的物品，想出给遮阳棚添加四个柱子的方法，最终搭建成立体遮阳棚。教师作为支持者，在幼儿遇到问题的时候，鼓励幼儿积极地思考解决办法，为幼儿提供丰富的材料，让他们在制作遮阳棚的过程中不仅追求遮阳棚的功能性，而且提升遮阳棚的美观性。

故事四：小蝌蚪先长出来的后腿

经过幼儿两周的细心照顾，小蝌蚪健康苗壮地成长着。孩子们也一直保持着对小蝌蚪的关心与爱护，每天都关注小蝌蚪是否健康活泼地游动。在观察的过程中，霏霏说："小蝌蚪会先长前腿再长后腿，然后变成小青蛙。"佳佳反驳道："不对，我记得小蝌蚪是先长后腿再长前腿，然后才变成小青蛙的。""蝌蚪是先长前腿还是先长后腿?"带着这个问题，孩子们更加仔细地观察起小蝌蚪来。

当他们第一次观察到小蝌蚪长出了后腿时，非常激动与开心地和我分享这个好消息："何老师，小蝌蚪是先长的后腿，不是前腿!"喜欢画画的幼儿还将长出后腿的小蝌蚪画了出来。我将孩子们画的画整理出来布置在自然角中。每天幼儿来到幼儿园的第一件事就是来到自然角，看看小蝌蚪有没有又长大一点。看到水浑浊了，就会有幼儿主动用塑料瓶中晒好的水去给小蝌蚪换水；看到水里没有水草了，幼儿会想着去家附近的小河边与家人摘浮萍带到幼儿园给小蝌蚪吃。

渐渐地，很多小蝌蚪都长出了后腿。在这期间，幼儿也会发现偶尔有一两只小蝌蚪不再游动沉入水底。他们不再恐惧和惊慌，而是默默地接受这是小蝌蚪的死亡，用工具捞出已经死亡的小蝌蚪，小声地说一句再见后，把小蝌蚪埋在自然角的花盆里。

又过了一周，孩子们观察到小蝌蚪不仅长出了后腿，而且长出了前腿。他们画的小蝌蚪尾巴也在一点点地变短，直到最后消失不见。班中的第一只小蝌蚪变成小青蛙的时候，孩子们非常高兴和兴奋。这是他们第一次通过自己的努力与细心的照顾，让小蝌蚪变成了小青蛙。

我的反思

通过孩子们的交谈可以发现，他们都知道小蝌蚪会变成小青蛙，但是对小蝌蚪长成青蛙所经历的几个典型阶段并不是很清楚，也产生了是先长前腿还是后腿的疑问。为了使更多的幼儿有兴趣观察蝌蚪的生长过程，证实他们的猜想，激发幼儿进行科学探究，我在自然角创设了"小蝌蚪成长记"的环境，为幼儿提供了纸、笔、放大镜，引导幼儿通过绘画的形式将蝌蚪成长过程中的变化与自己的所见所想记录下来。

在整个过程中，幼儿了解了小蝌蚪变成小青蛙的每个阶段，认识到生命的美好与珍贵，了解到生命的脆弱与伟大。孩子们渐渐学会尊重与珍惜自己与自然界中的一切生命。不因自己的渺小而消极放弃生命，不因自己的强大而轻视弱者生命，以平等、积极的态度面对自己与他人生命中的每一个阶段，形成初步的生命观。

（何天伊）

班里来了蚕宝宝

故事背景

开学初，班里的自然角突然多出了一个透明小盒子。有眼尖的小朋友发现，盒子里绿绿的叶子中间有很多黑黑的小虫子在动，孩子们都对它们特别感兴趣，好奇地问："老师，这是什么虫子啊？我们要养蚂蚁吗？"还有些小女孩特别害怕，躲得远远的说："老师，我最害怕虫子了。"

孩子们对于这些"小虫子"的问题越来越多。《指南》中提出，"幼儿科学学习的核心是激发探究兴趣，体验探究过程，发展初步的探究能力"。根据孩子们的这些表现和他们提出的各种各样的问题，我们请家长和孩子一起查阅资料，并在自然角开展了"班里来了蚕宝宝"的系列探究活动。

故事一：我来照顾蚕宝宝

孩子们在查阅了蚕宝宝的相关资料后，也对蚕宝宝有了更多的了解与关注。孩子们每天都非常细心地照顾这些蚕宝宝。他们经常会亲一亲、摸一摸蚕宝宝，每天给蚕宝宝换桑叶、整理"房间"等。午饭后的散步时间，墩墩提议带上蚕宝宝一起散步，这个提议得到了大家的一致肯定。从此以后，孩子们每天都会陪伴蚕宝宝一起生活、游戏。区域活动时间，美工区的小朋友为蚕宝宝制作漂亮的衣服，建筑区的小朋友为蚕宝宝建新家，表演区的小朋友在演出时，蚕宝宝甚至成为小观众。他们每天都在无微不至地照顾着这些蚕宝宝，还给蚕宝宝们起了好听的名字，把它们介绍给其他班的小朋友等。

🌴**我的反思**

可以看出，孩子们非常喜欢蚕宝宝，对于照顾蚕宝宝有着浓厚的兴趣。孩子们都积极地参与到照顾蚕宝宝的活动中来，与蚕宝宝之间产生了更亲密的互动，对蚕宝宝有了更深入的了解与认知。兴趣是幼儿主动探索的前提。在兴趣的驱动下，孩子们在对蚕宝宝的主动探究与思考中获得了相应的经验。例如在照顾蚕宝宝的过程中，孩子们不仅发展了动手能力、解决问题的能力，而且激发了热爱动物、热爱大自然的情感。《纲要》提出：要使幼儿能积极参与活动，对活动有好奇心和求知欲，在各类活动中获得成功的情感体验。作为教师，我们应该多关注幼儿的情感体验，更要支持孩子的这些情感体验，善于欣赏和观察幼儿。学会倾听孩子的想法，了解他们的需要，关注他们的变化发展。让幼儿在真实、自然的生活中获得真切的情感体验，在自主探索的过程中成为学习的主人。

故事二：蔫掉的桑叶

蚕宝宝一天天长大，进食量也越来越大了，需要随时给蚕宝宝准备充足且新鲜的桑叶。孩子们发现，把桑叶放在班里，第二天就会蔫掉，变得不新鲜了。而蚕宝宝只喜欢新鲜的桑叶，如何能够更好地保存桑叶呢？"把桑叶放到冰箱里吧！"嘟嘟立刻说道。"可班里哪来的冰箱呢？"家明反问道。一时间，孩子们也都犯了难。"那你们想一想为什么放到冰箱就可以保鲜呢？"老师问道。"冰箱里温度低、有冰。"孩子们立刻联想自己的生活经验，猜测起来："我觉得应该泡在水里。""或者把它像花一样种到土里吧。"孩子们你一言我一语。最后，根据他们的想法，我们投票选出了三种呼声最高的方法进行了对比实验：分别把桑叶放在了水中、土里和湿润的毛巾上。孩子们每天观察并记录桑叶的变化，经过一个星期的观察，最终得出结论，放在湿润的毛巾上的桑叶保存得最好。

🌴**我的反思**

孩子们观察到桑叶放在班里会蔫掉，于是对"如何让桑叶保鲜"产生了探究欲望。从孩子们的对话中可以看出，他们对食品的保鲜方法有着一定的生活经验。在此次讨论中，孩子们大胆猜测。通过科学对比实验验证猜想，得出结论。教师是幼儿学习活动的支持者，我们要敏锐地察觉到其中的教育契机，鼓励和支持幼儿的探索行为，支持幼儿在行动中获得有益的认知。同样，我们也要注重观察与指导，引导幼儿去自主发现问题、探究问题、解决问题。我们多方面支持和鼓励幼儿的探索行为，认真地对待幼儿提出的问题，引导他们猜一猜、想一想，鼓励他们自主探索，发挥幼儿在学习探索过程中的主动性，从而获得有价值的科学经验，发展初步的探究能力。

故事二：蚕宝宝的小花园

恰逢班级开展种植活动，闪闪说："我每到周末都会和爸爸妈妈去公园玩，里面的花和树可漂亮了，我最喜欢去公园了！我也想给蚕宝宝建一个小花园！""好啊！"班里的其他幼儿听后也附和道。于是，根据孩子们的想法，我们在班外又为蚕宝宝设计了小花园，孩子们自己设计、装饰，把小花园建造得漂漂亮亮的，让蚕宝宝也有可以放松、玩耍的地方。

我的反思

随着活动的开展，孩子们产生了更多的想法。依据孩子的想法，我们在区角中创设了相应的环境及墙饰，满足他们的需求，激发他们自主学习的热情和信心。其次，我们追随着孩子的活动趋向，及时提供丰富的材料，满足孩子自主学习的愿望，促进孩子自主学习的顺利进行。

故事四：蚕宝宝为什么会脱皮呢

孩子们把蚕宝宝照顾得很好，每天和小伙伴讨论蚕宝宝的变化。我们投放了多种材料去支持他们的自主观察。他们在观察的过程中会有很多疑惑，对于蚕宝宝的一切都充满了好奇。一天，菲菲观察到盒子的角落里有一个黄黄的、干干的东西。这个发现吸引了其他幼儿的注意，大家又开始讨论起来。

俊俊说："啊！不会是蚕宝宝死了吧！看它的身体都干了！"

然然说："肯定不是，你们看，这个盒子里一共有 8 只蚕宝宝，我刚刚数了一下，都在这呢。"

泓博说："哎呀，你们看，这里面是空的，只是个小壳子，好像是蚕宝宝的皮。"

蚕宝宝为什么会脱皮呢？孩子们产生了新的问题。

潇潇说："应该是蚕宝宝的衣服脏了，所以换了一件。"

懂事儿说："可能是蚕宝宝长大了，所以把衣服撑破了吧。"

孩子们畅所欲言，说着自己的想法。我们也将问题记录下来，并邀请爸爸妈妈和孩子们一起查找问题的答案。第二天，孩子们纷纷把查到的资料带到了班里与大家分享。

坦克说："昨天我和妈妈一起上网查了资料，原来蚕宝宝蜕皮是正常现象，证明它在慢慢长大，我们不需要担心了。"

豆豆向大家分享着自己的小海报："你们知道吗？蚕宝宝需要不断脱皮，每次脱皮后蚕宝宝都会长大一点。"

琪琪一边看视频一边讲解道："这是我昨天看的视频，蚕宝宝的一生需要蜕四次皮呢，蜕完皮，蚕宝宝就会吐丝啦！"

🌴 **我的反思**

好奇是幼儿阶段的年龄特点，好奇心是幼儿探究的动机基础和内在动力。正是由于强烈的好奇心，幼儿才保持着探究的热情和积极性。为此，幼儿会通过提问的方式去寻求答案。作为教师，我们耐心、认真地倾听孩子的提问，引导幼儿用适宜的方法解决问题，寻找答案，创造条件支持幼儿自发地达成目标。

在活动中，我们注重观察与指导，引导幼儿自主发现问题、探究问题、解决问题。发挥幼儿在学习探索过程中的主动性，从而获得有价值的科学经验，发展初步的探究能力。

故事五：好饿的毛毛虫

蚕宝宝引发了孩子们对绘本《好饿的毛毛虫》的极大兴趣。孩子们喜欢在图书区与同伴讲述故事。所以，我们与孩子们一起联动美工区制作了各种手偶、手指偶来支持幼儿的讲述活动。

随着活动的不断延伸，我们又一起听了关于蚕和蝴蝶的音乐。我将音乐分享到家长群，让孩子们能够更加自由自主地探索与感受。家长们很开心地将孩子们的感受记录下来，有的小朋友跟随音乐一起创编舞蹈，有的小朋友跟唱歌曲，有的小朋友和爸爸妈妈一起进行绘画创作，有的小朋友和家长一起亲子表演……大家玩得不亦乐乎！

🌴 **我的反思**

结合孩子们的兴趣，我们支持幼儿的游戏行为，进行区域间的联合互动。这种轻松欢乐的氛围不仅让活动更加生动，而且让孩子的自主学习能力得到了很大的提高。分享活动不仅让家长及时了解了班级活动的开展情况，而且将活动延伸至家庭中，为幼儿提供了一个更加自由自主的空间，对幼儿的持续探索起到了促进作用。

（张静怡）

大红枣变变变

🏖 **故事背景**

正值金秋九月，红枣收获的季节。在班级群里，昱昱分享了周末采摘的枣，它的样子像小葫芦。第二天，昱昱把枣带来幼儿园，给我们介绍了"葫芦枣"。孩子们特别喜欢，想近距离看一看、摸一摸，有的小朋友还想尝一尝这个绿色的"葫芦枣"的味道。还有很多小朋友说："我家也有枣，是红色的、甜甜的，比这个大……"在孩子们的观察、操作和对话中，我发现孩子们对"枣"很感兴趣，于是我们开始探索各种各样的枣。

故事一：我见过各种各样的枣

通过周末的收集红枣活动，孩子们都有了不少的收获。在分享环节，孩子们有很多有趣的发现。比如倾城说："我在胡同里就看到了红枣树，上面结满了红枣，果实都是椭圆形的。"晓璇说："周末的时候爸爸妈妈带我采摘了酸枣，酸枣小小的，吃起来酸酸的。"尚文希说："我在公园里发现了枣树，枣树树干是歪歪的，树叶是绿色细长的，枣熟了之后就会变成深红色，躲在叶子里的枣还是绿色的，因为它们不经常被太阳照射到，所以成熟得慢。"书豪为我们带来了四种枣：北京昌平的马枣、河北的黄骅冬枣、新疆的狗头枣、山东的沾化冬枣。孩子们看得特别仔细，每种枣长得都不一样。大家还品尝了枣的味道，有的枣酸中带甜，有的枣是脆的，有的枣是干干瘪瘪的，还有的特别酸，吃完牙都痒痒的。

我的反思

孩子们对自己感兴趣的事情很有探索欲，愿意在回家时去关注大红枣，并且能积极做简单的记录带到幼儿园来分享。孩子们对大红枣和红枣树观察得很仔细，并且能用流畅、形象的语言形容出来。

故事二：不好啦！小虫子来啦！

孩子们把带来的枣放了自然角，经常会有小朋友在那儿摆弄。这天，我听到自然角传来一声晓璇的喊声："老师！不好啦！这儿有好多小虫子。"小朋友们都围拢过来，发现的确有很多小小的虫子在枣的上方盘旋。"这是怎么回事？小虫子从哪儿来的？"大家不由自主地讨论着。有的小朋友说："小虫子也喜欢咱们班的枣。"有的小朋友说："小虫子是从窗户飞进来的。"有的说："小虫子是枣里出来的吧？"小天大声喊道："老师，我知道这是枣坏了，长毛了，我家以前有苹果就是这个样子的。"小朋友们听了纷纷点头，小馥说："我也见过长毛的梨，可臭了。""这可怎么办？怎么能让鲜枣保存下来？"通过查阅资料，我们知道可以把红枣变成干的枣，来增加它的保存时间。于是我们向全班发起讨论：如何把大红枣变成干枣？也由此产生了新的活动——科学小实验"鲜枣变干枣"。

孩子们的猜想便开始了……

梓钰说："放在锅里把枣煎干。"

顶顶说："放阳台晒，硬了就变干了。"

斑马说："放在火上烤，把大枣烤干。"

小馥说："可以用锅蒸，或者用烤箱烤。"

带着这些猜想，我们开始在家里、幼儿园里逐一进行尝试。

🌴 我的反思

红枣招小虫子这件小事引发了幼儿激烈的讨论，幼儿提出了很好的解决方法和自己的猜想。教师在此过程中能够倾听幼儿的真实想法，并且尊重支持幼儿，尽可能地满足幼儿的求知欲望。此外，教师还请幼儿分成小组，每名幼儿可以自由表达，以便能够倾听到每名幼儿的想法。

故事三：大枣变成黑枣啦！

孩子们的大胆猜想也得到了家长们的支持。一个个小实验，让孩子们对大枣的变化有了进一步的了解。

斑马的猜想：枣可以放在火上烤，变成干枣。在家长的支持下，他尝试把枣穿成串，在炭火上烤，结果枣变黑色的了，没烤黑的地方还很甜。带到幼儿园后，有的小朋友问："黑黑的枣能吃吗？"大家一致认为黑的都糊了，是吃不了的。后来，贾老师也带来了一种叫枣炭的大枣，发现全都是糊的，但是能够泡水喝，味道还有点甜。我们了解到原来枣通过特殊的加工变成枣炭之后，能起到补血的作用。

小馥的猜想：用锅把枣蒸干，或者用微波炉烤干。在妈妈的帮助下，微波炉烤出的枣很好吃，很快就变成了皱皱的枣，变干了一些。蒸的枣也可以逐步变干，就是用时较长。猜想的结果都一一得到了验证，孩子们发现大枣虽然没有变成干枣，但是不一样的做法让枣的味道变得不一样，而且有的更好吃了。

🌴 我的反思

幼儿能够根据自己的猜想在家中借助家长的协助，完成自己的小实验。在活动中，我感觉到幼儿发现新事物时的兴奋、激动，以及探索新鲜事物时积极向上的情绪。家长们也很尊重幼儿的想法，积极配合孩子验证猜想，促进了亲子关系的和谐发展。

故事四：动手制作大枣美食

孩子们还发现了很多关于枣的好吃的，收集到了枣饼、枣糕、阿胶糕、枣夹核桃、枣泥饼。有的小朋友的爷爷奶奶还会做呢，于是我们邀请他们来到班里和小朋友一起制作。午睡后，小朋友们一起分享美味的枣饼、枣糕，开心极了。孩子们还想用大枣制作营养水，于是我们询问食堂叔叔和保健医老师，征求他们的意见后，制作了属于我们的"大枣营养水"。豆丁不禁说道："大枣水太好喝了！回家我也要给爸爸妈妈做大枣水！"

🌴 **我的反思**

亲自动手制作食物和营养水，锻炼了幼儿的动手操作能力和同伴间相互配合的能力。在此过程中，幼儿也曾遇到问题，但都能够通过协商、讨论、实验去解决问题，解决问题的能力大大提高。当幼儿品尝到自己亲手制作出的食物和水时，自信心有了明显提升，并且知道要珍惜别人的劳动成果。

（李美仪）

（四）文化之旅

我们生活在四合院

🛸 **故事背景**

提到北京的文化，就不能不说起北京的胡同和四合院。棉花胡同幼儿园育德分园，正是坐落在这京味儿十足的四合院中，是典型的北京四合院三进院落的建筑风格，从四合院的大门、垂花门到木件房屋建筑，再到四合院的门墩、门簪、通透的窗棂和古香古色的青砖灰瓦，处处透露着传统文化的魅力，彰显着北京城深厚的人文历史底蕴。这里是孩子每天生活的地方，这里的文化自然而然地滋养着孩子们的心灵。升入大班后，幼儿从其他园区来到这里，古香古色的建筑环境深深吸引着孩子们。我们也发挥环境的作用，以"我们生活在四合院"为主题，支持大班幼儿在环境中自主学习。

故事一：拍照记录发现四合院之美

每天生活在四合院中，幼儿时常分享自己对房子的新发现。为了满足幼儿发现与欣赏、表达与交流的需求，我们利用离园环节开展了"发现四合院之美"的摄影活动。晚离园时，幼儿和家长一起寻找四合院里最美的地方，以自己的视角拍照留影。牛牛发现四合院房檐处的瓦当上有寿字形花纹和花朵纹样。如如告诉我房檐上的滴瓦和瓦当是有规律排序的，滴瓦的形状像花瓣一样。菓菓独爱游廊柱子顶端画的葡萄、荷花、柿子等彩绘。佐佐告诉我四合院的房子是灰色的墙、红色的门和窗，他觉得这种颜色搭配很美。安安对垂花门前的一对门枕石特别感兴趣，反复询问这是什么动物，为什么在这里。孩子们在寻找、拍摄的过程中提出许多问题，展现了幼儿的独特视角。我们举办了四合院的摄影展，孩子们在欣赏他人作品的过程中交流着各自的发现和问题，一时间形成了关于四合院的热闹讨论。

🌴 **我的反思**

作为环境的一部分四合院建筑是幼儿每天接触的，这种古朴的建筑与自然的结合必然对幼儿的生活产生影响。当幼儿的交流被听到并得到回应后，幼儿感兴趣的学习主题就产生了。接下来老师能做的就是在这个学习主题之下给幼儿更多的资源支持。

故事二：参观四合院展览，感受四合院之美

如何支持孩子们在亲身体验中自主探索，深入了解四合院的建筑特色，感受四合院的建筑文化？正在苦恼之际，我发现首都博物馆正在展出"发现四合院之美"的展览。

走进首都博物馆，孩子们首先被一进门墙上的四合院平面图吸引了，孩子们惊呼："这跟我们幼儿园一样!"在讲解员的讲解下，孩子们直观了解到四合院"进"的概念，并对照平面图确定我们幼儿园是一座三进带花园的四合院。通过观察实物门窗，揭秘四合院中绘画的花卉水果图案所蕴含的美好寓意、四合院屋顶的结构、门枕石的作用等，幼儿对四合院建筑有了整体的认识，也为自己感兴趣的问题找到了答案。

在这次参观中，孩子们还看到小学生创作的四合院主题作品。如立体制作的四合院，布艺拼贴的四合院，水粉绘画的垂花门，泥塑的影壁……丰富的表现形式拓展了幼儿视野，在后来表现四合院之美的活动中，孩子们深受展览作品的启发，自主选择用多种形式来表现四合院的美。

参观展览后，许多幼儿又去实地看四合院，生活在四合院中的小朋友也给大家介绍自己家的样子。在实地观察对比后，孩子们发现了四合院建筑的丰富性。

🌴 我的反思

四合院的展览比较集中地展现了四合院的方方面面，像一本立体的百科书，只要幼儿走进去就能在里面找到自己问题的答案，同时还通过绘画、展品、互动游戏等来吸引幼儿进一步了解。有了这样一位无声的老师，幼儿可以自己吸收知识，建立新经验。学校以外的资源是幼儿自主学习的好帮手，不管是通过教师的组织还是家长的带领，这种带有互动体验的方式都能给幼儿留下深刻的印象。

故事三：多种形式表现四合院之美

在参观后，孩子们充分感受了四合院建筑的美感，他们产生了用自己的方式去表现美和创造美的想法。艺术的表现方式是多种多样的，每一名幼儿都有个性化的表达方式，我们鼓励幼儿用自己喜欢的方式表现自己感受到的四合院之美。

在参观后不久，有一天菓菓提出要画出四合院。一石激起千层浪，孩子们

都嚷着要画下来。由此，写生四合院的活动就开始了。

在风和日丽的秋日午后，孩子们搬上小椅子，夹着小画夹来到院子里，选一个自己喜欢的角度和朋友一起写生四合院的美景。在此过程中，我看到孩子们发起的互相学习：彤彤想把厢房和垂花门同时画在纸上，可她在纸上绘画的时候不知道该画什么样的角度，画出来的线条总是怪怪的。她噘着小嘴皱着眉一次次画，都不太满意，她脱口而出："这怎么画啊！太难了。"大菓在不远处听见走过来询问："你想画什么啊？"在得知彤彤的困难后，菓菓和彤彤一起观察建筑，并不时地用手指在空中描画着房脊的走向，彤彤在这一番"指点"下，脸上逐渐有了笑容，提起笔来几下就描画出了四合院的一角。铭铭画了四合院的正房，一块块灰色的墙砖像豆腐块一样摞在一起。佐佐早早画完，在小朋友间穿梭着欣赏大家的作品，看到铭铭的画，蹲下来着急地指着铭铭的作品说："铭铭，你仔细看看啊！你看那墙上的砖是这样放的吗？明明上面的砖是放在两块中间压着的，就跟我们搭积木一样啊。"铭铭看看自己的作品，再看看墙上的砖，不好意思地挠挠头："好像是画错了。我刚才没仔细看。"在这次绘画后，孩子们围坐在一起相互欣赏作品，分享绘画经历，还一起总结出写生建筑的经验，例如，要先整体观察，再下笔绘画，一边观察一边画会出现纸不够用或画的比例失调的情况。

在参观四合院之后，孩子们知道了四合院"进"概念，对四合院的结构也有了一定的了解。他们就开始在建筑区搭建完整的四合院。第一次搭建，他们选择搭建二进四合院，先搭建了正房。为了确定房子大小，他们先搭建围墙。这个过程用掉了大部分积木。在第二天搭建厢房的过程中，他们遇到了问题——积木不够了，怎么办？虽然积木不够用了，但是也勉强完成了一侧厢房的搭建。在这一天的区域分享中，孩子们提出了他们的问题：到底是先围围墙还是先搭房子？有丰富搭建经验的叶易明首先说："不能先围墙，围好墙，我们在搭房子的时候需要迈腿进出，很容易把围墙碰倒。"沈起圩是参与搭建围墙的，他说明了他的观点："先围围墙，就能确定整个四合院有多大。在围墙里搭建，避免后面空间不够用。"听起来他们都有各自的道理，难以定夺。其他小朋友也来参与讨论："不能先搭围墙，如果你们的房子搭得太大了，围墙围小了，你们就搭不下那么多房子了。""是啊，你们今天搭的厢房就比正房还大，都没地方搭南倒座了。""哪儿有厢房比正房还大的啊。"面对小朋友的质疑，参与搭建的小朋友面面相觑，不知该怎样反驳。这时候迪迪不紧不慢地说："我觉得他们不用围围墙，先把房子搭好，然后在两座房子之间用积木连起来就是围墙了。"他的话一下点醒了孩子们。我们拿出四合院的图，孩子们发现四合院本就是围合建筑，四方各有房子，正房两侧还有耳房，确实将房子连接上就形成了整体。经过看图分析，孩子们最终达成一致——先建房子，再连接两座房子使之形成围墙。

这个问题是解决了，可是在讨论的过程中孩子们似乎还在关注另一个问题，就是四合院建筑中几座房子之间的关系问题及它们的确切位置。

针对这个问题，我们对照参观中拍摄的照片了解四合院房间的功能。如正房是家中的年长者居住，爷爷奶奶或爸爸妈妈居住，一间卧室，一间客厅，一间书房。厢房分给孩子居住，所以比正房要矮小一些，也有卧室和书房。这样从功能中区分正房与厢房的大小高矮。同时利用幼儿园的环境带幼儿观察这些房子之间的位置关系。正房旁边的耳房有多大？厢房从哪儿盖起？厢房与耳房是怎样连接的？在实际观察中，孩子们寻找到了这些问题的答案。再次搭建的时候，建筑之间的比例也协调许多。

在明晰了四合院的结构之后，孩子们开发了许多富有创意的表现形式，如安安和如如用磁力片拼摆四合院及垂花门，菓菓用乐高拼插四合院，美工区的小朋友用纸盒、橡皮泥等制作四合院、影壁等，表现四合院生活。还有喜爱水墨画的小朋友绘画出一幅幅四合院的建筑图。

🌴 我的反思

在这次四合院的学习中，教师从幼儿的只言片语中察觉到幼儿的兴趣和可能发生的学习。同时老师通过提供多种多样的学习方式，满足幼儿的学习热情。我们生活的四合院是幼儿的兴趣点，也是学习四合院文化的老师。教师应该做的是为幼儿提供亲身感受、实地观察的机会，多种途径表现与创作的机会，满足幼儿通过直接感知和亲身体验获得经验的需求。这些体验的过程也进一步激发了幼儿求知的愿望，很多幼儿在主题开展的过程中会通过查阅资料来探究自己感兴趣的问题。如明明通过查询了解到四合院的鸱尾和脊兽，并给小朋友做介绍。在反思这个活动时，我感觉到"学习引发学习"，幼儿在对自己学习的内容真正感兴趣时，就会在追寻自己提出的问题时自发学习。

（仇贺男）

我们的胡同

🛸 故事背景

班里大部分小朋友的家住在胡同里，恰巧幼儿园也坐落在胡同里。孩子们从家到幼儿园穿梭在宽窄不同的胡同中。随着孩子们开始认字，对路上的文字开始感兴趣，讨论起了胡同的名字，逐渐对北京的胡同产生了浓厚的兴趣。

故事一：胡同大揭秘

孩子们和家长一起通过网络查询、向社区工作人员询问等方式，了解自己所住胡同名称的来历或小故事，将调查结果用绘画和符号记录下来，回到班级之后，一起分享了胡同的小故事。

萱萱："我家住在延年胡同，以前胡同里有买馓子的，也叫馓子胡同，馓子是一种油炸的好吃的。"毛豆："我家住在弘善胡同，以前有一座弘善寺，所以也叫弘善寺胡同，弘善寺现在是弘善小学了。"可可："我住在松树街胡同，很早以前这里种了很多松树，所以叫松树街胡同。"然然："我家在刘海胡同，可不是咱们脑门前边的头发帘，是因为一个叫刘汉的人，但是已经不知道他是谁了。"之之："我住航空胡同，之前有一个航空署，当时叫航空署街，为了方便，现在就叫航空胡同了。"葡萄："我在簸箩仓胡同，当时存放哱罗的仓库在胡同里，所以叫簸箩仓胡同。哱罗是古时军中的一种号角，是用海螺壳做的。"

经过分享之后，孩子们了解到很多胡同的名字及其来历，对胡同里的各种人、事、物都表现出了浓厚的兴趣。

🌴 **我的反思**

孩子们能够通过自己的努力和家长一起了解胡同的来历和小故事，对生活环境有了进一步的了解。同时在和同伴相互分享的过程中，提升自己的语言表达能力和倾听能力，为以后的活动打下良好的基础。

故事二：逛吃小胡同

孩子们对胡同里的各种人、事、物都表现出了浓厚的兴趣，想要更深入地了解胡同。老师为孩子们提供了表达的空间和时间，一起说一说对于胡同，自己想了解什么。孩子们表达完自己的想法之后，觉得大家有说的相似的地方，于是就以自由结合的形式组成了不同的小组，并且为小组起了有趣的名字，如小房子组、好玩组、美食组等。

到了周末，孩子们在家长的陪同下逛胡同，采访住在胡同里的人、查找资料，并且将自己的所见所闻记录下来。回到幼儿园之后，孩子们进行了分享活动，老师和孩子们一起梳理调查结果并归类，这样更加直观地看清楚大家的所见所闻。孩子们还通过投票的方式选出了最感兴趣的内容，那就是好玩组介绍的内容。好玩组介绍了以前的小朋友在胡同里会玩什么游戏、需要什么样的材料、游戏规则是什么等。孩子们想要尝试打弹珠、斗鸡、滚铁环、跳房子等游戏，于是就开始搜集游戏材料带来幼儿园，一起玩一玩，体验传统游戏带来的快乐。

🌴 **我的反思**

孩子们能够将大家感兴趣的内容进行归纳和组合，形成一个个不同内容的小组，共同商讨自己的小组想用哪种形式来获取资料。为了提高小组的凝聚力，还为自己的小组起了组名、做了计划。孩子们有计划性地和家人一起实施计划、记录发现、共同分享，加深了同伴间、家人间的互动，使自己的周末生活更加丰富多彩。

故事三：我们的小胡同

深入了解了北京的胡同之后，孩子们也想创造一个属于大二班的胡同，大家为这条胡同起了不同的名字，经过大家的讲解和投票之后，大二班的胡同确定叫"糖果"胡同，因为孩子们希望住在这里的人的生活甜甜蜜蜜。

于是孩子们就在拼插区和美工区建造自己的胡同了，有的小朋友建造房屋，有的小朋友建造老北京三轮车，有的小朋友建造卖糖葫芦的自行车等。在建造过程中，孩子们遇到了或多或少的困难，老师和孩子们就在墙面设置了一块互动区域，可以将游戏中遇到的困难记录下来，请大家一起想办法，从而体验到一个人的力量是有限的，但是大家一起的力量是巨大的。

🌴 我的反思

孩子们在确定胡同名称的过程中，有了一种新鲜的体验，他们要想办法让大家接受自己的建议，说服大家为自己投票，增加了表达和倾听的机会。

故事四：我们在行动

在经过一系列的活动之后，孩子们已经深深爱上了自己生活的小胡同，每天都兴高采烈地来到幼儿园。但是有一天小乖有些不开心，糖豆发现之后询问："你怎么不开心呀？"小乖愁眉苦脸地说："我家胡同里有很多的垃圾，有些自行车也胡乱摆放，都挡住路了。"糖豆说："我家也是，好多垃圾，都不漂亮了。"听到他们的谈话，很多小朋友也围了过来："我家也是。""那我们怎么办呢？"糖豆灵机一动："我们一起画海报，向大家宣传一下，一起保护我们的胡同吧。"糖豆的意见得到了大家的一致认可，于是我们设计、绘制了宣传海报，分成不同小组在后海小公园向大家宣传，倡议大家一起爱胡同、保护胡同，不随便丢弃垃圾，不乱停车，将自行车停放在固定区域。

还有的小朋友组成了维护小分队，开始维护幼儿园周边的环境，将随意丢弃的垃圾捡起来扔进垃圾箱，将乱停放的自行车在老师的协助下推回固定区域，通过自己的双手让我们生活的胡同变得更加美好。

🌴 我的反思

在孩子们发现胡同不整洁的时候，共同想解决办法，想要把胡同变得更加方便、整洁、美好，随后通过自己的努力让自己的生活环境得到改善，孩子们的成功感油然而生，更加有使命感了。

（刘鹏程）

神奇的中医

🌀 故事背景

最近子昂因为积食上火生病了，所以家长带他去看了中医。在医院里，医生先是给子昂捏脊，后来又开了一些中药。回家后打开药包，子昂发现里面有自己爱吃的小零食——山楂干；还有一些白色的小圆片——甘草，含在嘴里甜滋滋的。煎好的药并没有想象中那么苦，酸酸甜甜的很好喝。更神奇的是，一周后子昂的病就好了，食欲也越来越好。回到班中，子昂将自己的经历告诉好朋友，并向他们宣传说："中医治病一点也不疼，药也很好喝，以后你们生病了也去看中医吧！"害怕打针吃药的小朋友们仿佛找到了救星，同时对神奇的中医产生了深深的好奇。

故事一：中医爸爸讲中医

相较于其他职业，中医仿佛披上了一层"神秘的面纱"。什么是中医？中医医生的工作是做什么？正巧班里米糍的爸爸是一位中医，于是我们邀请米糍爸爸走进班级，为孩子们讲一讲中医。

在家长助教活动中，米糍爸爸为幼儿讲述了神农尝百草的故事，听着故事一起追寻中医药文化的起源。米糍爸爸还带来了生活中常见的中药材，请孩子们通过看一看、尝一尝、摸一摸等方式，进行中西医的大对比，让孩子们走进中医药文化。最后，米糍爸爸给班级的幼儿进行了一对一的问诊，讲解了中医问诊的方式，让孩子们体验了中医诊病中的"望闻问切"。在问诊的过程中，小朋友们不由得惊叹："米糍爸爸说得好准呀！"

活动最后，米糍爸爸送给孩子们关于中医的绘本和一些中药的种子。这引起了孩子们极大的兴趣，孩子们又有了新的问题：这些中药材都是从哪里来的呢？我们可以进行种植吗？

🌴 我的反思

中草药是中医药文化不可或缺的重要组成部分。中草药文化根植于生活，与我们的生活息息相关。孩子们对于身边出现的新鲜事物充满好奇，教师应及时发现孩子的兴趣，充分利用身边的资源，支持孩子们的探索。《幼儿园保育教育质量评估指南》提出要"最大限度地支持和满足幼儿通过直接感知、实际操作和亲身体验获取经验的需要"。在中医爸爸讲中医的过程中，幼儿运用多种感官探索、了解中草药的特征，体验中医望闻问切的诊治过程，初步了解中草药，走进中医药文化。

故事二：小神农百草园

跟随孩子们的新问题：这些中药是从哪里来的呢？我们一起收集身边见过

的中药材。我们准备了几个透明的展示筐，将幼儿带来的中药材展示在自然角中，孩子们时常来到自然角，看一看、闻一闻、摸一摸。带来药材的小朋友变成了小小讲解员，向朋友们介绍自己带来的中药的功效。经过相互分享，孩子们又认识了很多的中药材。

孩子们还会来到图书区，查看米糍爸爸带来的绘本，将自己的发现和问题通过绘画的方式记录下来，利用区域分享时间进行讨论和交流。

随着对中药材了解的深入，孩子们萌生了自己种植中药的想法，于是我们开始在自然角中尝试种植中草药。我们一起观察了米糍爸爸带来的种子，孩子们很快锁定了自己感兴趣的种子，拉着好朋友结组种植起来。孩子们兴致勃勃地参与其中，每个小组分别制作了"神农百草册"，画上自己种植的种子，并且商量了分工，选出每天的"护花小使者"，对种子进行照顾。不过种植中草药并没有那么容易，想象中日渐丰富的"神农百草园"并没有出现，种下去的种子迟迟没有发芽，这让孩子们感到挫败和焦急。Coco猜测说："我们应该多给它浇点水吧？我们每天要喝很多次水呢！"毛桃出主意说："我们带着种子去晒太阳吧！可能太冷了，种子冬眠了。"馒头说："要不咱们把种子挖出来看看吧？看看它还在不在。"孩子们七嘴八舌地讨论着，纷纷为让小种子发芽想着办法。于是老师带着孩子们通过查阅图书和网络，了解这些种子的种植方法，根据资料调整照护方法，重新期待种子的发芽。

🌴 我的反思

我们从生活中常见的中草药入手，引导幼儿感知观察、探索体验，并大胆分享，认识了自然界里一些常见的中草药，初步了解到中草药有防病、治病的功效，感受了中草药的神奇及其与人们健康生活的关系。

在种植中草药的过程中，虽然小种子迟迟没有发芽，但令我惊喜的是，没有孩子说放弃，都在积极地出谋划策。期待总是美好的，但事情往往不能一帆风顺。生活中我们会遇到很多困难，会感到挫败，时常急躁，但只要不放弃，办法总比困难多。相信在我们不懈的努力下，我们小神农的百草园会日渐繁茂起来。

故事二：参观中药园

一天，小米说："周末姥姥带我去地坛公园玩，那里面有一片中药园，里面的中药长得可高可大了！"孩子们听说后，也想去看看。由于自然角的中药种子迟迟不发芽，孩子们提出想要周末一起参观中药园，学习一下他们的种植方法。不过周末孩子们各自从家出发，要在哪里集合呢？我们需要制定一个参观计划。老师找来了地坛中药园的地图，请小米介绍一下中药园里有什么。对中药园有了初步的了解后，种植小组的成员们便开始在地图上设计参观路线图。孩子们认真讨论着参观的路线：从哪个门进入？怎样才能少走重复的路，去更多的地方？最后从哪个门出？参观时，想要看到什么？

参观路线图设计好后，老师利用班级微信群向家长说明了孩子们的准备情况，帮助孩子们发起了周末小组家庭日的倡议。周末，家长带着孩子们走进地坛中药园。孩子们看到有意思的，会拍下来等到回班分享；遇到不知道的，会和好朋友讨论，请家长帮忙读读旁边的介绍。走到杏林茶舍时，糖糖还向家长讲起了之前老师讲过的杏林与中医的故事。糖糖妈妈听到后很欣喜，感慨孩子的成长，忍不住将糖糖讲故事的样子录了下来，分享到班级群中。有了糖糖的带领，越来越多的家长和孩子上传了自己在中药园的发现和体会。

参观回来后，结合群里的视频和图片，老师请孩子们分享了自己的发现和感受。孩子们不仅观察了种植中药的环境，学习了中药的养护方法，而且发现了很多有趣的中医治疗方法。子瑜拍下了画满筋络图的针灸铜人，大壮录下了朋友们在有足疗功效的健康步道上龇牙咧嘴的视频。

🌴 我的反思

在悠悠药草香的浓厚氛围中，孩子们直观、深入地了解了中草药的外形特征、生长状况以及药用价值。这场探寻中草药的幸福之旅，源于孩子们的困惑，支持孩子们的活动。孩子们分享的过程洋溢着喜悦，不仅找到了种植的好方法，而且开阔了视野，对中医有了更多的了解。走出幼儿园，幼儿、家长和教师纷纷参与其中，结合社会资源与家长力量共同完成一次有意义的家庭日活动。这个过程不仅让孩子们得到成长，而且拉近了家长与老师的距离，让家长更加了解班级的教育活动，在理解与合作中共同为孩子们的成长努力。

故事四：制作山楂丸和香囊

孩子们在书上看到"药食同源"这个词，不太明白是什么意思。老师便邀请保健室的大夫指导孩子们制作山楂丸，了解"药食同源"的小秘密。酸酸甜甜的山楂，一直是孩子们爱吃的食物之一，以前只是品尝美味，这一次要动手来制作山楂丸。大夫先给孩子们看了完整的山楂丸的样子，再发放材料，请幼儿一步一步跟着进行操作。在操作的过程中，对于孩子们来说，最难的就是捣碎这个步骤。孩子们最开始利用擀面杖，在擀的过程中，孩子们掌握不好力度，不由得发出阵阵感叹："中医好难啊，制作中药好难呀！"有的小组采用捣碎的方法，发现也很困难。最终在教师的帮助下，借助破壁机将山楂干研磨成粉。大夫用熟面和蜂蜜将山楂粉混合在一起，孩子们将面团揉成球，再将一个个山楂丸送到食堂，进行打包，晚离园的时间发给了孩子们。孩子们通过制作山楂丸的活动，致敬中医文化，传承中药技艺。制作后，孩子们发现很多身边的食物也有着丰富的药用价值。

中医药文化不仅渗透在我们的日常生活里，还体现在中国传统节日的习俗中。端午节作为我国的传统节日和非物质文化遗产，有着非常多的习俗和风俗，制作香包便是一个传统的习俗，而香包中包着的便是中草药。孩子们和家长利用周末时间走进药店，去找适宜放在香包中的中药材，带到班中分享，并进行晾晒。经过一周的中药小分享和晾晒，我们和孩子们一起制作香包，选择自己喜欢的药材放入香包中。孩子们戴着香包外出一起做游戏、睡觉，伴着悠悠药草香，理解、认知与体验中医。

🌴 我的反思

博大精深的中医既神奇，又和我们的生活息息相关，我们的衣食住行中都蕴含着中医的哲理，传统节日中传承着中医的习俗。孩子们通过制作与游戏，走进中医，品尝中药，感悟中国传统文化的悠久历史，成为中医药文化的小小传播者。

（张静竹）

不一样的家庭日

🐚 故事背景

一天，教师听到幼儿在相互聊天时说"真烦""爸爸妈妈都在不停地催促""总是生气地说快点"。在与家长的沟通中教师发现，家长对孩子磨蹭、拖沓、不起床、注意力不集中等很苦恼，用了很多方法，似乎无济于事。批评、指责随之出现，孩子更出现了逆反心理。孩子与家长之间有着明显的亲子冲突。于是，教师组织家长开启了亲子辩论会和家庭日活动。

故事一：亲子辩论会

教师组织了线上亲子辩论会，邀请有共同困惑问题的家长与孩子一同参与到活动中。双方以"爸爸妈妈到底应不应该催我们"为辩题，展开辩论会。双方畅所欲言，敞开心扉，充分表达，互相倾听，充分沟通。

首先，教师与幼儿共同回顾前期采访内容。引出辩论话题——爸爸妈妈到底应不应该催我们。接着，亲子双方分别发表自己的观点。幼儿方的观点是"爸爸妈妈不应该催我们"，家长方的观点是"爸爸妈妈应该催孩子"。双方可以说出自己的理由反驳对方。最后，对幼儿和家长的不同观点进行小结，表达自己的感受。小朋友们感到自己的意见被倾听了，非常高兴，发言很踊跃；也能换位思考，当听到家长说"我要是不催你，饭就凉了，对身体不好"时，也能理解家长严厉背后的爱。

🌴 我的反思

亲子辩论会开启了亲子间的平等对话。正是因为有一个平等交流的机会，孩子感受到自己被尊重，才更能接受家长的"苦心"。家长也真正第一次平静地坐下来倾听孩子的感受，产生了不少触动，从幼儿的视角看待"慢"和"磨蹭"，和孩子产生了情感共鸣。

故事二：家庭日——换位体验活动和家庭会议

辩论会后，有的家庭开展了"换位体验"活动。父母和孩子互换角色体验，体会对方的心理感受。朵朵妈妈在家与孩子互换角色。妈妈扮演孩子看书，幼儿扮演的"妈妈"一直催促，"别看了，赶紧出发。"互换角色后，朵朵妈妈深刻体会到孩子"被压制""被安排"的感受，说道："我当时心想等我做完就好了，别催了。设身处地地想，孩子可能也是这样的感受，有她自己的理由和感受，我更加理解孩子了。"于是妈妈坐下来和孩子敞开心扉，平等沟通。

教师倡议家庭召开家庭会议，共同制定家庭公约。在制定公约的过程中做到三点：家庭成员全参与；平等协商；不但有对孩子的要求，更有对家长的要求。通过家庭公约，促进家庭成员在平等协商的基础上建立良好家风，帮助孩子形成良好习惯，共同成长。有的家庭制定了这样的约定："孩子每天玩平板不超过 10 分钟，大人不超过两次。""9：00 睡觉，大人保证睡前给孩子读 20 分钟故事书。"……孩子们把自己的家庭公约带到幼儿园一起分享，开心且有成就感，这个约定和制度是他们自己主动制定的，也更乐于接受。

🌴 我的反思

在这个家庭日活动中，体验式的角色互换游戏激发了家长的自我觉知。家庭会议充分体现了平等协商的理念。家园关系是平等的，教师以平等的身份、体验式的方式、引导者的角色，将"儿童本位"的教育理念传递给家长。亲子关系也是平等的，家庭公约不但有对孩子的要求，更有对大人的要求。最终，通过家园深度合作，促进家长、孩子、教师共同成长。

（徐楠　罗环）

快乐朋友日

🌀 故事背景

孩子们升入大班后，与自己的伙伴已经朝夕相处了两年，不管是在区域活动还是一日生活的环节中，随处可见他们与自己好朋友之间的社会交往。他们愿意和好朋友一起去玩游戏，愿意和好朋友挨着坐。我们也能经常看到有的小朋友会从家里带来小礼物送给自己的好朋友等。为了满足孩子们与日俱增的交往需求，我们开展了"快乐朋友日"活动。

故事一：我的好朋友

小朋友们眼中的好朋友是什么样的呢？老师也非常感兴趣，先从"好朋友大调查"开始。孩子们围绕三个问题互相分享：你的好朋友是谁？你喜欢他（她）的理由？好朋友的喜好？豆豆说她的好朋友是珍妮，因为珍妮的魔方转得特别好，自己可以和她一起玩魔方，珍妮还经常教她怎么转魔方。喜乐说他的好朋友是星宇，因为经常一起去拼插区玩竹节棍玩具，而且他们都最喜欢拼坦克。悠悠知道她的好朋友朵朵最喜欢唱歌和穿漂亮裙子，悠悠说她还想知道朵朵的家住在哪里，好想去朵朵家和她一起玩。

　　到底什么是好朋友呢？围绕这个问题，孩子们各抒己见："朋友是关系好的人，能在朋友身上学到东西。""朋友是和我一起玩，愿意帮助我的人。""朋友能够让人开心。""朋友是能够相互分享、相互帮助的人。""朋友就是能够谦让，为对方多想一想的人。""朋友是有共同爱好的人。"

🌴 我的反思

　　原来，在小朋友眼中，朋友是相互的，互相喜欢，互相帮助。好朋友总有共同爱做的事。有好朋友的感觉是温暖的、快乐的。我们的交流让小朋友互相倾诉，了解怎样交到更多的朋友。

故事二：我的秘密朋友

　　在好朋友大调查中，我们发现有个小朋友没有被小朋友们提及。为什么呢？他会不会有点孤单呢？我们进一步观察发现，他总是一个人玩，缺少固定玩伴，加入朋友游戏时经常会和小朋友起争执。还听到一个小朋友说："你总是不遵守规则，干扰我们的游戏。"我心想：这样的小朋友需要自己成长，学习交往技能，提高规则意识。但是，他也更需要得到朋友的善意、接纳、亲近。

　　于是，我们开展了"我的秘密朋友"活动。游戏规则是：早上抽签拿学号，拿到谁的学号今天他（她）就是你的秘密朋友；今天你要为你的秘密朋友做一件事情，并对他（她）说一句好听的话，不要被他（她）发现，晚上离园时悄悄地在你的卡片后面写上自己的名字，放到他（她）的柜子里；第二天我们来分享秘密朋友的故事。

　　第二天，孩子们都早早地来到班级中。每个人都小心翼翼地藏好自己抽取的小卡片，到一个小角落去看谁是自己今天抽中的秘密朋友。美美说："严老师，我今天特意穿了一件有兜的衣服，为了收好我的小卡片。"这一天，每个小朋友都在憋笑、"偷偷摸摸"。

　　迦迦在美工区画了一幅美丽的作品，送给了豆豆。蜜桃主动拿起中国象棋到大壮的面前说："以前我不爱和你玩象棋是因为我总怕输，今天我想跟你学下象棋，你能教教我吗？"大壮说："没问题！我下象棋可是高手，很快就能教会你，放心吧！"蜜桃："谢谢你！大壮，你可真是我的好朋友和我的象棋老师。"笑笑午睡起床后，默默地把自己的被子叠了起来，还对班级中的马老师表示了感谢。笑笑说："马老师每天很辛苦，我才叠一床被子就累得不行了，马老师要叠我们全班小朋友的被子。"没有朋友的琦琦收到了梓彦一个大大的拥抱，梓彦还说："你就是拼汽车的小天才。"琦琦开心地笑了。

🌴 我的反思

"我的秘密朋友活动"意在为幼儿制造一个表达美好情感的氛围和机会，引导幼儿将高兴、满足、愉快等美好情感传递给他人，和他人分享美好，向同伴表达友爱。这一天发生的关于"秘密朋友"的故事是有爱的、温暖的、感动的，一件力所能及的事情，一句温暖的话，是那么的有力量。没有好朋友的琦琦也收到了爱的表达，相信这也给他带来了温暖和快乐。

故事三：第一个朋友日

随着活动的渐渐深入，我们也发现了幼儿在交往当中的一些小情况。大部分幼儿的好朋友相对固定，并且和同伴一起做的事情也比较重复，那么如何引导幼儿拓展和丰富交友的经验，探索和体验到与新朋友相处的乐趣呢？随着幼儿不断发展的社会交往能力和新的交往需求，"朋友日"活动由此孕育而生。

首先，策划"朋友日"。朋友日定在哪一天？有个小朋友说："11号，看起来像好朋友手拉手的那一天。"11号在投票中得到了最多票数，于是我们的朋友日定在11号。

接着，一起做"朋友日"计划。每个小朋友一张心愿卡，设计自己的朋友日心愿。小朋友们的心愿真多，"我们一起做贺卡""我和好朋友站在一起做操""我们一起玩游戏"。

最后，朋友日到了，我们一起来过朋友日。11月11日，我们的活动是装扮节。在这一天，孩子们和好朋友提前商量好，穿着一样的角色衣服来到了班级中。这一天，好朋友总是一起做事，站在一起做操，挨在一起吃饭，一起玩游戏。孩子们特别开心，也发生了很多感人的故事。

🌴 我的反思

朋友日活动中，教师引导幼儿找到与自己有相同兴趣爱好的同伴，但没有对活动形式过多干预，由幼儿自己制定活动形式。幼儿根据自己的兴趣爱好自发参与活动，从而形成自主游戏，大大地激发了孩子们对活动的热情和积极性。同时，装扮日的活动形式为幼儿创设了较为真实的角色扮演氛围，幼儿扮演着自己喜欢的角色和职业。在和同伴愉快游戏的氛围中，幼儿的交往兴趣被激发出来了。在和好朋友共同游戏、不断地发现探索、解决问题的过程中，幼儿的社会交往意识和社会交往技能已经潜移默化地得到了发展和提升。

故事四：不一样的朋友日

我们每个月都过朋友日，有的时候有统一的主题，有的时候有多个主题。12 月 11 日，我们的活动是"朋友展览会"。班里开展了朋友俱乐部活动，几个朋友一起合作完成一些作品，为朋友展览会做准备。有几个小朋友用不同的材料拼动物，有几个小朋友一起拼搭天安门场景。我们还和其他大班的小朋友一起准备。在朋友日这天，把各班的作品放在一起，一起布置展览，举办了愉快的朋友展览会。

1 月 11 日，我们的活动是"和小朋友一起玩游戏"。很多小朋友从家中带来了各种玩具和自己的同伴分享。有冰雪公主、玩具汽车、乐高玩具……孩子们一起合作、一同分享、互相交换玩具，在友好地交流中感受一起游戏的快乐。

2 月 11 日，放假了怎么办？我们讨论后决定，在这一天给朋友打个电话。孩子们越来越期待朋友日的到来，朋友日也成了我们的特殊节日。

我的反思

"朋友日"作为幼儿自主约定、喜闻乐见的节日活动，是我园园本课程的重要途径。"朋友日"这一天，班里充满了欢笑、兴奋、感动。每个人都把这一天的快乐告诉了自己的父母，尽情地和家人交流着心中的喜悦。孩子们收获了甜蜜的友情，收获了快乐，也加深了对朋友的理解，增进了人际互动，感受了人与人之间交往的乐趣。

（严迪）